THE GAME

1. Auflage 2020
ISBN 978-3-03876-180-8

© 2020 Midas Verlag AG

Übersetzung: Claudia Koch, Ilmenau
Lektorat / Projektleitung: Gregory C. Zäch
Korrektorat: Dr. Patrick Brauns
Satz: Ulrich Borstelmann, Dortmund
Illustrationen: Tommaso Vidus Rosin
Herausgeber: Alessandro Baricco
Texte: Sara Beltrame

Printed in Italy

© Dalcò Edizioni S.r.l., 2020
© Alessandro Baricco, 2020

All rights reserved. Via Mazzini n. 6 – 43121 Parma (www.dalcoedizioni.it)
Originaltitel: »THE GAME – Storie del mondo digitale per ragazzi avventurosi«

Bibliografische Information der Deutschen Bibliothek
Die Deutsche Bibliothek verzeichnet diese Publikation in der
Deutschen Nationalbibliografie unter www.dnb.de.

Alle Rechte vorbehalten. Die Verwendung der Texte und Bilder ist ohne
schriftliche Zustimmung des Verlages urheberrechtswidrig und strafbar.

Midas Verlag AG, Dunantstrasse 3, CH 8044 Zürich
kontakt@midas.ch, www.midas.ch, socialmedia: follow »midasverlag«

ALESSANDRO BARICCO

THE GAME
EINE REISE DURCH DIE DIGITALE WELT

Sara Beltrame / Tommaso Vidus Rosin

MIDAS

Eine Karte

von Alessandro Baricco

Egal, wo Du gerade gelandet bist, wenn Du eine Karte von der Region hast, kann Dir nichts mehr passieren. Da bin ich mir sicher. Ich ertappe mich häufig dabei, dass ich Muster zeichne oder Listen von Dingen oder Zahlen aufschreibe: Für mich sind sie der Plan – oder eben die Karte.

Seit ungefähr 50 Jahren finden wir uns an einem Ort wieder, nach dem wir lange Zeit gesucht haben: Er heißt »Digitale Zivilisation«. Das Königreich der Computer. Im Vergleich zur Welt von gestern ist das ein völlig anderer Planet.

Auf den ersten Blick scheint das ein lustiger Ort zu sein, lebendig, brillant. Doch es ist nicht ganz leicht, ihn zu verstehen. Wir fühlen uns zuweilen orientierungslos, verloren oder fürchten uns sogar. Das ist keineswegs angenehm. Darum dachte ich vor ein paar Jahren: »Ich brauche dringend eine Karte.«

Weil ich keine finden konnte, setzte ich mich hin und versuchte selbst, eine zu zeichnen. Es dauerte eine Weile, schließlich wurde daraus ein Buch, 300 Seiten dick. Ich nannte es *The Game*, denn so wollte ich die Zivilisation nennen, die wir erfunden hatten. Vor allem sollte es möglichst klar und deutlich, aber auch unterhaltsam sein. Aber man kann einem Kind nicht mal eben 300 Seiten in die Hand drücken. Andererseits müssen Kinder unbedingt verstehen, wie die Welt funktioniert, in der sie leben, die sie einmal regieren und verbessern sollen. Um es kurz zu machen: So ging das nicht. Ich wollte den Kindern aber auch unbedingt eine Karte an die Hand geben. Sobald ich also die Chance dazu bekam, ergriff ich sie … und daraus ist dieses Buch entstanden.

Es ist eine Karte – der Plan für kleine Kinderhände. Sie brauchen ihn, er ist wichtig für sie. Sie sind diejenigen, die einmal das reparieren müssen, was wir heute vermasselt haben. Sie werden uns unseren Traum zurückgeben und anderen Kindern eine bessere Welt bescheren.

INHALT

Die Revolution, 8
Der Kompass, 12

ERSTE ETAPPE

Die Computerinsel, 16

EIN DIGITALER DINOSAURIER, 18
EIN COMPUTER FÜR DICH, 20
C64: IM GUINNESS-BUCH
DER REKORDE, 21
LICHT AN, 22
DER BESONDERE
VERWALTUNGSCHEF, 24

Die Insel der Computerspiele, 26

EINE INVASION DER
BESONDEREN ART, 28
HIER KOMMT DIE PLAYSTATION, 30

Die Insel der Digitalisierung, 32

DIE SILBERSCHEIBE, 34
ABDRÜCKEN UND ANSCHAUEN, 36
WENIGER IST MEHR!, 37
MACH'S DIR BEQUEM, 39

Die Web-Insel, 40

EIN NETZ UM DIE WELT, 42
DER ÜBERSETZER, 44
DIE CYBER-FORSCHER, 46
WO? HIER, 48

Die Insel des Handels, 50

DAS GRÖSSTE KAUFHAUS DER WELT, 52
VERKAUF'S DOCH EINFACH!, 54

Die Schatztruhe, 56
EIN NEUER WEG IN DIE WELT

ZWEITE ETAPPE

Die Webbing-Insel, 64

DER GENIALE BANDIT, 66
WIKI-WISSEN, 68
SCHAU MICH AN, 70
DAS TV BIST DU, 72

Die Smartphone-Insel, 74

DIE BEINE STRECKEN, 76
NACH HAUSE, 78

Die Insel der sozialen Medien, 80

SUCH MICH DOCH!, 82
HÖR DIR DAS AN, 84
ERINNERUNGSFOTOS UND MEHR, 86
ZEIG DEIN GESICHT, 88
140 ZEICHEN ZWITSCHERN, 90

Die Schatztruhe, 92
MÖGEN DIE SPIELE BEGINNEN!

DRITTE ETAPPE

Das App-Archipel, 100

OHREN AUF, 102
IST DA NOCH EIN FLECKCHEN FREI?, 104
NICHT DIE GRUPPE VERLASSEN, 105
BILDER … SOFORT!, 106
DIE BESONDERE WOLKE, 107
NIMM MUSIKCLIPS AUF, 108
SCHIESSEN IN DER 3. PERSON, 110
DER UNSCHLAGBARE GEGNER, 112

Die Schatztruhe, 114
EIN KOMPLIZIERTES SPIEL

Der nächste Schritt, 118

Die Revolution

Du kannst versuchen, die Köpfe der Menschen zu verändern, aber das ist Zeitverschwendung. Gib ihnen andere Werkzeuge und sie werden die Welt verändern.
Stewart Brand (Gründer der ersten Online-Community »Tee Well«)

Okay. Ich will Euch die Wahrheit verraten. Es gibt einige Dinge, über die ich ständig Fragen stelle und nach Antworten suche. Meistens passiert mir das mit Gegenständen, zuweilen jedoch auch mit Menschen. Auf Fragen über die Geschichte von Lebensmitteln finde ich kaum Antworten, und das macht mich nervös. Denk mal darüber nach: Wann und wie nahm ein Mensch zum ersten Mal etwas, das aus dem Hinterteil von einem Tier stammt, brach es auf und beschloss es zu essen? Kann mir das jemand beantworten? Nein. Niemand. **(Andererseits, wenn das nicht passiert wäre, gäbe es heute keine Omelettes, keine Eierkuchen, keine gekochten Eier und vermutlich auch keine Schokoladeneier zu Ostern.)**

Ich erzähle Euch von dieser Leidenschaft, weil ich in einer Zeit geboren wurde, in der es noch keine Computer gab. Wenn mich die Neugier packte, war es echt kompliziert für mich, an einen Ort zu gelangen, wo ich nach Antworten suchen konnte. Ich musste aufs Fahrrad steigen, bis in die

Stadtbibliothek fahren **(wobei es in meiner Stadt meist kalt war und regnete)**, musste hineingehen, meine Angst vor Bibliotheken überwinden **(ich fürchte mich von einigen Dingen, keine Ahnung, wie es Euch geht)** und schließlich in absoluter Stille Bücher durchforsten, in denen ich einen Hinweis zu meiner Frage finden konnte. Jede Antwort war für mich ein Schatz, der aber natürlich zu neuen Fragen und möglichen neuen Schätzen führte. »Ob das jemals aufhört?«, fragt man sich da. Gute Frage. Keine Ahnung. Was ich jedoch weiß: Eines schönen Tages geschah etwas Außergewöhnliches. Jemand brachte einen Computer nach Hause. Zwar wünschte ich mir nichts mehr, als dass ich ihn in meinem Zimmer ganz für mich allein haben würde, doch man beschloss, ihn im Wohnzimmer aufzustellen, wo ihn die ganze Familie benutzen konnte. Was für Euch heute normal ist, war für mich eine **Revolution**.

Ich litt nun einmal unter krankhafter Neugier, darum war es für mich wie eine kostenlose Dauerkarte in einem Freizeitpark, als ich endlich im Web surfen konnte. Ein riesiger Freizeitpark. Unendlich groß!

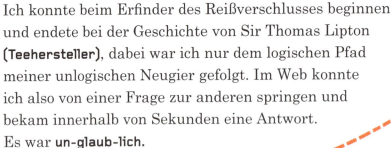

Ich konnte beim Erfinder des Reißverschlusses beginnen und endete bei der Geschichte von Sir Thomas Lipton **(Teehersteller)**, dabei war ich nur dem logischen Pfad meiner unlogischen Neugier gefolgt. Im Web konnte ich also von einer Frage zur anderen springen und bekam innerhalb von Sekunden eine Antwort. Es war **un-glaub-lich.**

Das habe ich ziemlich lange durchgehalten, bis ich mir die Frage der Fragen stellte. Und plötzlich stürmten alle Fragen auf einmal auf mich ein: Warum? Wann? Und wer hatte das Internet erfunden? Wie funktioniert Google? Und wer hatte sich das nun wieder ausgedacht?

Natürlich waren das Menschen wie Du und ich. Auch sie waren einst Kinder gewesen und sind herangewachsen. Bevor sie den Computer, das Internet und das Web erfunden hatten, waren diese Menschen auch mit ihrem Rad in die Bibliothek gefahren. Lebten diese Menschen noch? Und außerdem: Wie haben sie sich gekleidet? Wie waren sie? Welche Bücher lasen sie vor dem Einschlafen?

Außerdem: Haben sie überhaupt mal geschlafen? Was haben sie geträumt? Die Antwort fand ich in einem gedruckten Buch, das ich in der Bibliothek gefunden hatte **(also ruhig immer weiter dort hingehen!)**.
Es war 336 Seiten lang und hieß *The Game*.
Ein unwiderstehlicher Titel, doch lass Dich nicht täuschen. Dieses Buch ist ziemlich kompliziert. Für mich war es dennoch toll: Ich konnte mit seiner Hilfe ein Land erkunden, das wir irgendwann in unserer Geschichte einmal selbst gegründet hatten, das wir jeden Tag betreten und wieder verlassen konnten – und zwar immer, wenn wir im Web surfen oder auf der PlayStation spielen.
Also los!
Wir gehen mit Kompass und Fernglas an Bord! Mach Dir keine Sorgen, dass Du seekrank werden könntest. Zwischendurch gehen wir immer wieder an Land.

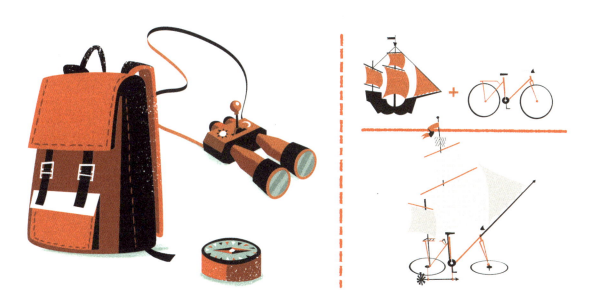

Der Kompass

Bei den Vorbereitungen auf die erste Etappe unserer Reise wollen wir einen Blick zurück wagen, um festzustellen, was bisher geschah. So verstehen wir, wie das Land entstanden ist, das wir erforschen wollen.

Wir haben uns entschieden, die Realität zu digitalisieren, also jeden Bestandteil der Welt in eine Sequenz aus Nullen und Einsen zu übersetzen.*

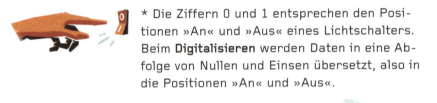

* Die Ziffern 0 und 1 entsprechen den Positionen »An« und »Aus« eines Lichtschalters. Beim **Digitalisieren** werden Daten in eine Abfolge von Nullen und Einsen übersetzt, also in die Positionen »An« und »Aus«.

SPACE INVADERS

VIDEOSPIEL-INSEL

So verwandelten wir Dinge wie Töne, Farben, Figuren und Text in ein sehr leichtes Format **(in fast flüssige Abfolgen aus Nullen und Einsen, könnte man sagen)**, die wir den Computern anvertrauten, um sie zu speichern, zu bearbeiten und verändern oder sie auf die Reise von einem Teil des Planeten in einen anderen zu schicken. So hat es angefangen, und das ist unser Kompass. Nun können wir endlich starten. Auf geht's!

ERSTE ETAPPE

Die Sonne scheint – der Wind frischt auf. Glück gehabt, denn so macht das Segeln ganz besonderen Spaß. Warst Du schon einmal auf einem Schiff? Beim Segeln gegen den Wind spürst Du seine Macht, dazu die Kraft des Wassers – beide begleiten uns zur Computerinsel. Sie liegt dort am Horizont – kannst Du sie bereits erkennen? Segel einholen – wir gehen an Land!

Die Computerinsel

Die Computerinsel ist das älteste Eiland, das wir besuchen werden. Sie entstand ungefähr 1940. Dort begegnen wir riesigen, hässlichen und furchterregenden Rechenmaschinen, doch auch freundlichen Computern, die man auch zu Hause auf dem Schreibtisch halten könnte. Wer hätte ich jemals vorstellen können, dass es eines Tages möglich sein würde, einen 16-Meter-Koloss in einen Gegenstand zu verwandeln, der nur ein paar Handbreit groß war?

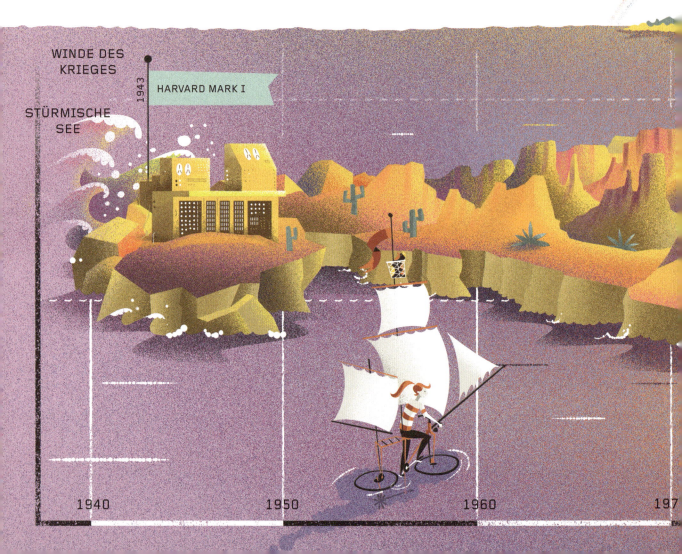

Und doch war es möglich. Denn eine neue Art von **Intelligenz (menschlich, also einer von uns)** schuf neue Werkzeuge, und das für sehr, sehr lange Zeit. Der erste Computer, den wir auf der Computerinsel treffen werden, ist der Harvard Mark I. Schauen wir ihn uns genauer an!

Ein digitaler Dinosaurier

Sein vollständiger Name war »IBM Automatic Sequence Controlled Calculator«, zum Glück bekam er schnell den Spitznamen »Harvard Mark I« oder nur »Mark I«. Er wurde 1943 gebaut und war nach dem Zuse Z3, der 1941 in Berlin von Helmut Schreyer und dem Erfinder und Namensgeber Konrad Zuse gebaut worden war, einer der ersten elektromechanischen Digitalrechner. Automatische Berechnungen waren seine Spezialität. Der Mark I brauchte für eine Division nur 33 Millisekunden und für eine Addition oder Subtraktion von 19 Stellen sogar nur 0,33 Millisekunden. Im 2. Weltkrieg wurde er von der US Navy eingesetzt und später an die Harvard University verkauft. Er war 16 Meter lang, 2,4 Meter hoch und wog ca. 4,5 Tonnen.

Er bestand aus 765.299 Bauteilen und Hunderten Kilometern von Kabeln – also ein echter digitaler **DINO**. 1959 wurde Mark I in seine Einzelteile zerlegt, manche davon sind noch heute im Museum der Harvard University zu sehen. **(Schade eigentlich, denn es wäre doch interessant, ihn heute noch in voller Funktion erleben zu können – so wie den Indominus Rex in** Jurassic World, **oder?)** Zwar konnte Mark I fast ausschließlich mit seinen Konstrukteuren kommunizieren, die ihn auch programmiert hatten, doch einige seiner Dino-Eigenschaften wurden zum Vorbild für moderne Computer.

Ein Computer für Dich

Nachdem Computer in Unternehmen Verbreitung fanden und dort ganze Räume füllten, wurde es Zeit, die Geräte auch in die Zimmer der Menschen zu holen. Den Anfang machte ein damals noch kleines Unternehmen mit dem Namen Apple mit seinen Apple I (der noch selbst von den Usern zusammengebaut werden musste) und dem Apple II, bevor die Firma IBM am 12. August 1981 verkündete: »IBM möchte Ihnen voller Stolz von einem neuen Produkt berichten, das für Sie von Interesse sein dürfte. Ein Tool, das von nun an auf Ihrem Schreibtisch, bei Ihnen zu Hause oder im Klassenzimmer Ihres Kindes vertreten sein sollte.« So kündigte IBM seinen ersten Personal Computer* an, einen Computer für jeden, der sich nicht vor seinem tiefschwarzen Bildschirm und dem grünen Rechteck fürchtete (dem »Cursor«, der mit der Herzfrequenz eines Menschen pulsierte): In der Basisausstattung enthielt er 16 Kilobyte Speicher **(RAM)**! Zum Vergleich: Ein einfaches Textdokument ist heute größer als der gesamte Arbeitsspeicher damals! Um den Computer zu starten, mussten ein paar Befehle in MS-DOS** eingegeben werden, der Lieblingssprache des Computers. Als Werbung für den PC wurde damals kein geringerer als Charlie Chaplin in dessen Film *Moderne Zeiten* verwendet, denn man dachte sich, wenn er den PC zum Laufen bringt, kann das jeder. (Such mal nach seinen Filmen, da gibt es Einiges zu entdecken.)

* Als Stewart Brand, der für Steve Jobs ein echtes Vorbild war, 1974 den Begriff **Personal Computer** prägte, hielten ihn die Leute für verrückt, denn damals konnte man sich nicht vorstellen, eine riesige Rechenmaschine einmal mit nach Hause nehmen zu können.

** **MS-DOS**: Familie von Betriebssystemen, die von Microsoft für IBM entwickelt wurde und mittels Textbefehlen ein Programm gleichzeitig laufen lassen konnte.

C64: Im Guinness-Buch der Rekorde

Der Commodore 64 (oder kurz C64) aus dem Jahr 1982 war ein äußerst beliebter Heimcomputer. Offiziell wurden zwischen 12,5 und 17 Millionen Geräte verkauft (nach manchen Schätzungen sogar 22 Millionen). Ich weiß, das klingt viel, aber im Vergleich zu 4,5 Milliarden Menschen, die damals auf der Erde lebten, ist das immer noch wenig. Immerhin schaffte es der C64 als meistverkaufter Computer der Welt ins Guinness-Buch der Rekorde, denn er war nicht nur über Computerhändler zu haben, sondern wurde auch in Kaufhäusern und sogar Spielzeugläden verkauft. Du kannst Dir bestimmt denken, was ihn so populär machte: Für diesen kleinen Gefährten gab es zahlreiche **Videospiele**. Dank des C64 und der Computerspiele entdeckten viele Menschen die Welt der Computer erst für sich. Dabei hatte der C64 keinen eingebauten Massenspeicher, alle Programme und Dateien mussten auf extra Geräten gespeichert werden – bis heute legendär: die **Datasette**.

Licht an

Am 24. Januar 1984 brachte die Firma Apple **(die mit dem Apfel-Logo)** den ersten Mac auf den Markt (die früheren Computer hießen Apple I bis III und Lisa). Zwar war der Mac recht teuer und darum nicht sofort so beliebt wie andere PCs, doch er war brillant: Man musste kein Computerexperte sein, um mit ihm arbeiten zu können. Beim Einschalten erschien auch kein schwarzer Bildschirm mit einem grünen Cursor und man brauchte keine kryptischen Befehle einzugeben – stattdessen erschien eine Art **SCHREIBTISCH** von oben. Darauf lagen Ordner mit Dokumenten, und wenn man etwas nicht mehr brauchte, konnte man es im Papierkorb entsorgen. Um zu verstehen, wie genial diese Erfindung war, überlege Dir: Wo fühlst Du Dich wohler – in einem dunklen Raum **(IBMs schwarzer Raum mit blinkendem grünen Cursor)** oder in einem Raum, in dem das Licht eingeschaltet ist? Der Mac hat für uns das Licht eingeschaltet und wir sahen unseren Schreibtisch.

Und was passiert, wenn Du aus der völligen Finsternis – in der man sich alles Mögliche vorstellen kann – in einen hellen Raum trittst und dort alles siehst? Du verlierst Deine Angst. Der Mac sorgte dafür, dass wir uns am Computer zuhause fühlten.

Wow!
Die absolute Entspannung!
Die Menschen begannen, sich am Computer wohlzufühlen.

Der besondere Verwaltungschef

Achtung! Wir sind zwar auf der Computerinsel gelandet, doch Windows 95 ist kein Computer. Windows 95 wurde auf der Computerinsel entwickelt, denn es ist ein Betriebssystem. Wenn man es auf einem PC installierte, konnte man ihn ebenso einfach benutzen wie einen Mac (der Mac brachte sein Betriebssystem bereits mit, beide waren untrennbar miteinander verbunden).

Ich stelle mir Windows 95 immer als Verwalter einer Stadt vor – er verwaltet alles Mögliche, liefert einfache, schnelle und passende Antworten und bearbeitet unsere Anfragen. Im Unterschied zu anderen PC-Betriebssystemen vorher brauchte man nun keine DOS-Befehle mehr, damit der PC funktionierte. Man klickte

* **Betriebssystem** (Operating System, OS):
Verwaltungsprogramme für einen Computer

einfach auf das Feld **START,** und schon ging es los. Außer von Computerexperten, Technikern und Programmierern wurde Windows 95 auch von Grafikdesignern entwickelt und von vielen Anwendern getestet, bevor es auf den Markt kam. Windows 95 war dem Betriebssystem des Mac (bei ihm heißt das MacOS) sehr ähnlich.

Im Unterschied zum MacOS von Apple konnte es jedoch auf den PCs verschiedener Hersteller installiert werden und verbreitete sich wie der Wind. Die Heimcomputer wurden immer billiger, fast jeder konnte sich einen leisten. Und weil der schwarze Bildschirm der Vergangenheit angehörte, gab es nun keine Entschuldigung mehr, der digitalen Welt fernzubleiben.

Die Insel der Computerspiele

Wir erreichen diese wichtige Insel, denn zu Beginn der digitalen Revolution waren Computerspiele eine Art Labor, in dem die Vorreiter ausloten konnten, wozu Computer in der Lage sind. Einerseits erfand man Spiele, gleichzeitig konnte man das Potenzial der Maschinen entdecken, auf denen man sie programmierte. Später wurden Computer auch für Büroarbeiten verwendet und Mobiltelefone konnten auch Nachrichten versenden, zu Beginn nutzten die Entwickler die Maschinen jedoch, um damit Marsianer abzuschießen. Und wenn mir mal genau darüber nachdenken, sind

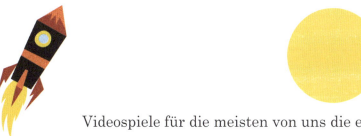

Videospiele für die meisten von uns die erste Erfahrung mit digitaler Technik. Man kann also durchaus behaupten, dass alle digitalen Werkzeuge, die uns heute das Leben erleichtern, im Grunde von Videospielen abstammen.

Das heißt aber nicht, dass Dein Leben leichter wird, wenn Du Dich ab jetzt nur noch in Spielen weiterbewegst. Deshalb lies mal lieber weiter und wandere nicht gleich wieder an den Bildschirm ab ...

Eine Invasion der besonderen Art

Als eines der ersten Videospiele wurde es von Millionen Menschen weltweit gespielt: *Space Invaders*, ein »Alien-Killerspiel«, 1978 erfunden von dem japanischen Ingenieur Tomohiro Nishikado. Allerdings besaß damals ja noch niemand ein Tablet oder einen Heimcomputer (das war noch vor der Erfindung der PCs, zur Zeit der Computer-Dinos wie Mark I). Um *Space Invaders* spielen zu können, musstest Du:

1. Dich anziehen,
2. aus dem Haus gehen,
3. in eine Bar oder eine Spielhalle gehen,
4. dort das Arkade-Spiel, eine Art Schrank mit Bildschirm, finden,
5. eine 100-Yen-Münze finden,
6. diese Münze in den Spielautomaten einwerfen und schließlich
7. losspielen.

UFF! Schon dieser erste Schritt klingt ziemlich anstrengend. Dennoch wurde Space Invaders von so vielen Menschen gespielt, dass die 100-Yen-Münzen knapp wurden und die staatliche Münze angeblich welche nachprägen musste. Eine Invasion ins Kleingeldfach.

Und noch etwas hat sich verändert – das können wir bis heute beobachten: Beim Videospiel nehmen die Menschen eine neue Position ein – die des »Bildschirm-Menschen«. Dies wurde die offizielle Körperhaltung der digitalen Revolution.

Schau dich um: Du findest jede Menge Bildschirm-Menschen in Deiner Umgebung. Früher war das einmal anders. Damals nahmen Menschen häufig die Pose des »Schwert-Pferd-Menschen« ein. Damals waren viele Menschen Krieger und verbrachten ihre Zeit im Schwertkampf – um sich zu verteidigen oder anzugreifen. Heute ist das nicht mehr der Fall, darum werden wir wohl in 200 oder 300 Jahren als Kultur der »Bildschirm-Menschen« in die Geschichte eingehen. Mir selbst wäre das wohl nie aufgefallen, wenn mich ein Freund nicht auf die typische Körperhaltung der Menschen aufmerksam gemacht hätte.

Wie lange dauert der Test? 8 Stunden
Wo testet man? An öffentlichen Orten
Das Ergebnis:
Schwert-Pferd-Menschen = 0
Bildschirm-Menschen = 35 …
oder wie viele zählst du?

Hier kommt die Playstation

So genial *Space Invaders* zu seiner Zeit war, für uns heute wirkt es wohl eher ein bisschen lahm.
16 Jahre später entwickelte ein anderer japanischer Digitaldesigner die erste Konsole, die von Sony auf den Markt gebracht wurde. Im Grunde war es wie das Arkade-Spiel *Space Invaders*, nur diesmal nicht mehr in Schrank-, sondern in Buchgröße. Man konnte es zum Spielen in der Hand halten, und auch die Anzahl der Spiele, die darauf lief, war beeindruckend. Am häufigsten verkaufte sich *Gran Turismo*, eine Rennsimulation, die 11 Millionen Mal verkauft wurde. Zwar kam die Playstation nach den Arkade-Spielen, doch die Körperhaltung behielten wir bei – wir sind immer noch Bildschirm-Menschen.

Die Insel der Digitalisierung

Unsere Reise führt uns nach Nordosten zur Insel der Digitalisierung. Wir schauen uns die Insel genauer an und stellen fest: Die Digitalisierung muss uns so gefallen haben, dass wir sie inzwischen in vielen Lebensbereichen einsetzen. Beispiele: Bevor wir diese Insel besiedelten, schrieben wir »Briefe«, später wurden daraus nur noch »E-Mails«. Wenn wir Fieber hatten, wurde mit einem

Quecksilber-Thermometer gemessen, heute sind die Fieberthermometer digital. Vorher hörten wir Musik von einer Schallplatte, später wurde sie auf CD gepresst. Um die wichtigsten Erfindungen kennenzulernen, die den Städten der Insel ihre Namen gaben, steigen wir aus und schauen uns das genauer an.

Die Silberscheibe

Im Vergleich zur Schallplatte aus Vinyl ist die CD*, die 1982 auf den Markt kam, mit ihren 12 cm Durchmesser recht klein, weniger empfindlich und vor allem viel leichter zu nutzen. Du legst sie einfach in den CD-Player und drückst auf »Play«. Um Musik von einer Vinyl-Schallplatte zu hören, musst Du:

1. Die Schallplatte vorsichtig aus der Plattenhülle nehmen.
2. Den Staub abbürsten oder abwischen, damit sie nicht zerkratzt.
3. Die Platte genau mittig auf den Plattenspieler legen.
4. Das Gerät einschalten, sodass sich der Plattenteller dreht.
5. Langsam den Arm mit dem Tonabnehmer absenken, sodass die Nadel die Rille der Platte trifft und Musik abgespielt wird. **(Wenn Du wackelst, zerkratzt die Platte, wenn Du hustest, auch, und in der Nähe zu tanzen, kann die Platte ebenfalls zerkratzen.)**
6. Nun kannst Du Dich endlich hinsetzen und Musik hören – aber nicht lange, denn wenn die eine Seite der Schallplatte zu Ende ist, musst Du die Platte umdrehen.

Die Musikqualität der CD ist nicht ganz so super wie die der Schallplatte, aber weil sie so bequem ist, sich umhertragen lässt und vor allem mehr Platz für Musik hat, wird sie unglaublich erfolgreich.
PS: Auf einer CD können Musik, Videos und Bilder gespeichert werden. Während das anfangs nur in speziellen Fabriken möglich ist, gibt es bald auch Geräte, um CDs zu Hause selbst zu beschreiben.

* **CD**: Compact Disc

Abdrücken und anschauen

Nach der Musik kam die Wende bei den Bildern. Die Frage, wer wann die erste Digitalkamera entwickelt und auf den Markt gebracht hat, wird sehr unterschiedlich beantwortet. Schließlich hat eine Kamera ja viele Funktionseinheiten, von denen einige bereits digital funktionierten, während andere noch immer analog geblieben sind. Die erste Digitalkamera, wie wir sie heute kennen, also mit austauschbarem Speichermedium, wurde jedoch 1988 von dem japanischen Unternehmen Fuji vorgestellt. Wenn Du analog (also nicht digital) fotografierst, sind viele Schritte nötig, um das Bild schließlich in den Händen zu halten. Vom Filmkauf, dem Einlegen des Films in die Kamera, wo schließlich die Belichtung erfolgt, bis zum Entwickeln des Films, dem Entwickeln der Fotos, bis schließlich die Fotos zum Trocknen in der Dunkelkammer hängen, vergeht einige Zeit und der Prozess ist eher umständlich. Digital ist das sehr simpel, wie Du weißt: abdrücken und Bild anschauen. Fertig.
**Bereits 1975 erfand das berühmte Foto-Unternehmen Kodak eine Digitalkamera. Man beschloss jedoch, sie nicht für den Markt zu produzieren, um sich sein Geschäft mit herkömmlichen Kameras nicht zu verderben. Außerdem war man der Meinung, eine solche Kamera wolle ohnehin niemand haben, denn wer schaut schon gern ein Foto auf einem Bildschirm an …?
Kein Kommentar.**

Weniger ist mehr!

In dieser Stadt wird Musik gehört und verbreitet – in riesigen Mengen. Das neue Format heißt MP3, es wurde Anfang der 90er-Jahre von einem Team um den deutschen Wissenschaftler Dr. Karlheinz Brandenburg entwickelt und 1992 zum Standard erhoben. Mithilfe dieses Kompressionsverfahrens werden Musik-, Foto- oder Videodateien deutlich kleiner. Als Kompression bezeichnet man es, wenn etwas in seiner Größe reduziert, also kleiner wird, sodass es weniger Platz einnimmt. Diese Art von Kompression hat zwar auch einen Nachteil*, dafür aber einen umso größeren Vorteil: Ohne die reduzierte Dateigröße wäre es heute undenkbar, jede Menge Musik, Videos, Fotos und Apps auf unserem Smartphone zu speichern.

* Bei der Kompression leidet die Qualität der Datei, deswegen heißt das Verfahren auch »verlustbehaftete« Kompression.

Mach's Dir bequem

DVD steht für Digital Versatile Disc*.
Diese Stadt wurde 1996 gegründet, als die ersten Abspielgeräte für DVDs auf den Markt kamen, darum sind hier alle mit Musikhören und Filmeschauen beschäftigt. In den Jahren zuvor nutzte man Videokassetten, die sogenannten VHS**, auf denen Filme analog aufgezeichnet und abgespielt wurden. Die Qualität einer DVD ist jedoch ungleich besser als die der Videokassette. Mit ihrem Siegeszug läutete die DVD das Ende der VHS-Ära ein. Mögen sie in Frieden ruhen.

* **Digital Versatile Disc**: Vielseitige digitale Scheibe

** **VHS**: Video Home System, technischer Name für die Videokassette

Die Web-Insel

Bei dieser Insel möchte ich immer etwas länger verweilen. Hier wurden die Metropolen des Web geboren, wie Yahoo! und Google, sie alle sind Werkzeuge, die uns in Sekundenschnelle wichtige Fragen beantworten können. Man könnte sie auch als Insel der Geschwindigkeit bezeichnen, aber hier gibt es so viele interessante Geschichten, dass wir uns lieber etwas Zeit nehmen sollten, damit wir keine davon verpassen. Hier werden wir endlich die Antwort auf die Frage finden: »Wer hat eigentlich das Web erfunden?« Natürlich noch vieles mehr … wir gehen also an Land.

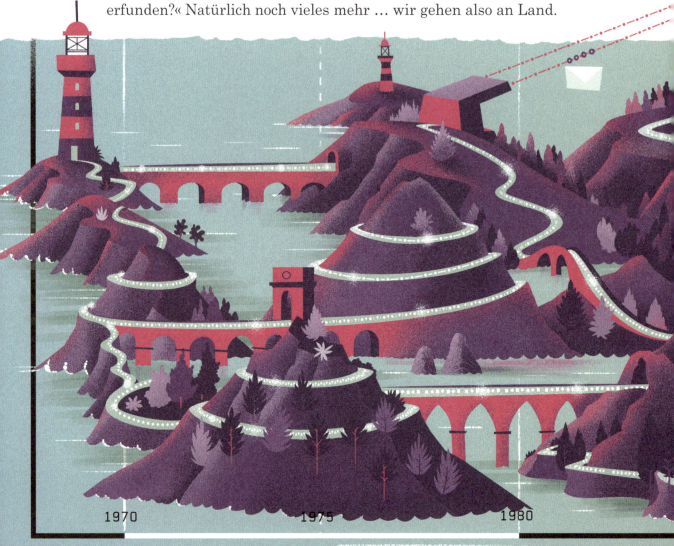

Ein Netz um die Welt

Das Web (eigentlich World Wide Web) wurde 1989 erfunden, lange nach der Erfindung des Internet. Die Idee, mehrere Computer zu einem Netzwerk zu verbinden, war bereits ziemlich alt und stammte aus dem amerikanischen Militär. Dort suchte man nach einer Möglichkeit zur Kommunikation, ohne vom Gegner abgehört zu werden. Nach einigen erfolglosen Versuchen schafften es die Amerikaner schließlich, zwei Computer aus der Ferne miteinander »sprechen« zu lassen. Aus diesem ersten Experiment **(man gab ihm damals den Namen »Arpanet«)** entstand ein Kommunikationssystem, aus dem schließlich ein noch größeres Netzwerk wachsen sollte und mit dem es möglich war, digitale Daten auszutauschen. **(In diesem System wurde von Ray Tomlinson 1971 die erste E-Mail verschickt.)** Dieses Kommunikationssystem wurde dann als »Internet« bezeichnet. Viele Jahre blieb es nur sehr wenigen Menschen vorbehalten, die es an wissenschaftlichen Einrichtungen und Instituten nutzen konnten. Das änderte sich 1989, als ein englischer Ingenieur mit Namen Tim Berners-Lee mit seinen Kollegen das World Wide Web* erfand. Er stellte sich eine Welt aus digitalen Buchseiten vor, die man unglaublich schnell und ganz einfach bereisen konnte. Dazu nutzte er die sogenannten Links, sozusagen Hyper-Wörter, Wörter mit

* **World Wide Web** oder **WWW** = System aus Webseiten, die durch Hyperlinks miteinander verknüpft sind. Anfangs enthielten Webseiten vor allem Text, inzwischen sind auch Fotos, Videos und Töne auf Webseiten zu finden.

Superkräften. Wenn Du darauf klickst, wirst Du von einer Seite zur nächsten weitergeleitet, die sich ganz woanders im Web befinden kann. So besiedelten wir ein neues, fließendes Universum, das weder einen Anfang noch ein Ende hat. Völlig klar: Das war eine Revolution! Eine E-Mail senden zu können, war ja bereits cool: Innerhalb weniger Sekunden umrundet sie die Erde zum Empfänger auf einem anderen Kontinent. Und das Surfen im Web? Wir konnten uns auf einmal so frei bewegen, dass sich viele regelrecht orientierungslos fühlten. Es war schwer zu verstehen, wie man sich hier zurechtfinden sollte. Bald gab es dazu ein gutes Werkzeug `(den »Browser«, »browse« bedeutet »durchsuchen«)`. Er half uns, sich noch besser im Web zurechtzufinden und schneller ans Ziel zu gelangen. Im Jahr 1991 gab es nur die Webseite von Tim Berners-Lee im Internet, 1992 waren es bereits 10, heute zählt man etwa 2 Milliarden Webseiten. All das war möglich, weil Tim Berners-Lee seine Erfindung für alle zugänglich machte. Sein Traum war ein einziger, riesiger Raum, in dem Menschen untereinander alles austauschen können. Heute ist dieser Traum quasi Realität. **GROSSARTIG!**

Der Übersetzer

Mitte der 90er-Jahre bekamen Menschen auch außerhalb von Unternehmen und Universitäten zunehmend Zugang zum Internet. Damals wurde der Browser erfunden, eine Software, die HTML verstand, eine Art Programmiersprache von Webseiten, um Texte, Bilder und Töne darzustellen. Der erste erfolgreiche und bekannte Browser war Mosaic **(1993)**. Ohne diese Software sähe eine Webseite ungefähr so aus:

```
<html>
    <head>
        <title>Willkommen</title>
    </head>
<body>
    <div align="center">Hallo Welt!</div>
</body>
</html>
```

Die Cyber-Forscher

Yahoo! war 1994 ein Hobby von David Robert Filo und Jerry Yang, zwei studierenden Freunden, die beschlossen hatten, die von ihnen besuchten Webseiten aufzuzeichnen und mit anderen zu teilen. Technisch nannte man das ein »Portal«: eine Art Vordereingang, durch den man eintreten und interessante Informationen im Internet finden konnte. Für alle Neulinge im Web war dies die einfachste und schnellste Möglichkeit, wenn man sich noch nicht auskannte, denn hier fand man nützliche Adressen. David und Jerry waren echte Cyber-Forscher, denn sie waren die ersten, die Online-Pläne aufzeichneten, damit man sich nicht mehr verlaufen konnte. Anfangs verließen sie sich dabei auf den Server der Universität von Stanford, der ihre Routen speicherte. Sie boten für Studenten nützliche Adressen, geordnet nach Themengebieten, an. Das Projekt war jedoch so erfolgreich, dass sie schließlich ein eigenes Unternehmen gründeten.

Bis 1995 hatte die Site bereits eine Million Klicks erreicht. Die Idee, Pfade durch das Web aufzuzeichnen und diese Aufzeichnung mit anderen zu teilen, war so nützlich, dass Yahoo! schließlich für Microsoft interessant wurde – 2008 wollte es Microsoft für 44,6 Milliarden Dollar kaufen. Wer aber glaubt, die beiden Freunde hätten das Angebot erfreut angenommen, der hat sich getäuscht. Sie sagten etwas wie »Danke, aber nein Danke« … und das war's.

Wo? Hier

Am 15. September 1997 wurde Google geboren – eine riesige Stadt auf unserer Insel, die auch aktuell immer weiter wächst. Google ist die weltweit am meisten besuchte Webseite, aus ihrem Namen leitet sich inzwischen sogar ein Verb ab, das wir alle kennen: Etwas zu »googeln« heißt nichts anderes, als es im Web zu suchen. Wieder waren es zwei Studenten **(sie heißen Larry Page und Sergey Brin)** mit einem Faible für Mathematik, die den Grundstein für dieses Unternehmen legten. Kurz nach der Gründung versuchten sie, die Firma zu verkaufen und damit etwas Geld zu machen, um sich neue Computer kaufen zu können, mit denen sie ihre Idee weiterentwickeln konnten. Doch das funktionierte nicht, wie sie sich das vorgestellt hatten. Anfangs wollte keiner Google kaufen, also mussten die beiden ihr Studium an der Uni aufgeben und sich mit Leib und Seele ihrem Projekt widmen. Sie glaubten fest daran, dass es wichtig sei, den Anwendern schnell Antworten auf ihre Suchanfragen liefern zu können. Und sie behielten Recht: Heute ist Google die am häufigsten genutzte Suchmaschine. Mit einem einzigen Suchbegriff verrät Dir Google, wo im Netz dieser Begriff zu finden ist. Anfangs wurde die Position anhand der Häufigkeit eines Begriffs auf einer Webseite berechnet. Dann kamen Larry und Sergey jedoch auf die Idee, je öfter eine Webseite empfohlen wurde, desto verlässlicher und interessanter müsste ihr Inhalt sein. Also erschien eine solche Webseite fortan in den Suchergebnissen ganz oben. Inzwischen wurden die Regeln zunehmend komplexer, wer in welchen Suchanfragen am besten zu sehen ist – aber das steht auf einem anderen Blatt.

Die Insel des Handels

Die beiden Städte auf dieser Insel entstanden innerhalb von nur zwei Jahren: 1994 und 1995. In diesen beiden Marktstädten tun die Menschen nur zwei Dinge: Sie kaufen und verkaufen.
Im Grunde ist das auch logisch: Nach Spielen, Filmeschauen, Musikhören, Suchen nach Informationen – was blieb noch übrig, wenn man zu Hause vorm Computer sitzt? Kaufen und Verkaufen.

Das größte Kaufhaus der Welt

Zuerst, 1994, hieß das Unternehmen »Calabra«, aber sein Gründer, Jeff Bezos, war mit dem Namen nicht zufrieden und suchte nach einem Namen, der mit A beginnen sollte: So würde er bei der Google-Suche als erster genannt.

Die Wahl fiel auf »Amazon«, inspiriert vom längsten Fluss der Welt, dem Amazonas. Da nun endlich ein Name gefunden war, musste man nur noch Geld auftreiben, um das Projekt umzusetzen. Angeblich klopfte Jeff Bezos bei seinem Vater an und bat ihn um einen Kredit über 300.000 Dollar. Seinem Vater war natürlich nicht klar, dass sein Sohn binnen kurzer Zeit einer der reichsten Männer der Welt werden sollte. Er hörte geduldig zu und fragte dann: »Okay, mein Sohn, und was genau ist dieses Internet?«

Anfangs konnte man auf *amazon.com* nur Bücher kaufen **(allerdings alle Bücher)**. Heute ist auf diesem Portal quasi alles zu finden. Amazon ist inzwischen nicht nur der größte Online-Händler, es wurde in viele andere Geschäftsfelder erweitert und wurde ein richtiger Marktplatz, auf dem verschiedene Händler eigene Produkte anbieten und einen Teil ihrer Einnahmen an Amazon abgeben. Mit unterschiedlichen Angeboten (Printing on Demand, Streaming, E-Books, Spracherkennung etc. ... und inzwischen sogar Handel von Lebensmitteln) hat Amazon Bezos zu einem der reichsten Menschen der Welt gemacht. Er ist so reich, dass er unter anderem beschlossen hat, eine monumentale Uhr in einem Berg in Texas in 500 Meter Tiefe mitzufinanzieren. Man nennt sie die »Clock of the Long Now«, die Uhr des langen Jetzt, oder auch 10.000-Jahres-Uhr. Sie tickt nur einmal im Jahr und zeigt für die nächsten 10.0000 Jahre die Zeit exakt an.

Verkauf's doch einfach!

Bei eBay kann man nicht nur Dinge kaufen, man kann auch verkaufen und Auktionen* aufsetzen.

Und was wird da alles so verkauft, gekauft, versteigert und angeboten? Sowohl Gebrauchtes als auch Neues. Nach seiner Gründung im Jahr 1995 wurde als Erstes ein kaputter Laserpointer bei eBay verkauft, er brachte 14,83 $. Allerdings wurde er nicht von Elahé Omidyar Mir-Djalali erworben, der Mutter des Gründers, weil sie sein Projekt unterstützen wollte. Tatsächlich brauchte der Käufer einen Laserpointer und wollte ihn reparieren – was ihm jedoch nicht gelingen sollte. eBay ist eine der wenigen nicht-amerikanischen Erfindungen im Web. Pierre ist ein Franzose israelischer Abstammung, der in den USA eingebürgert wurde. Anfangs wollte er einfach Menschen eine Plattform anbieten, um Dinge zu verkaufen, die sie nicht mehr brauchten. Dazu musste man nur einen Anfangspreis festlegen und ein Bild einstellen. Wurde die Ware verkauft, behielt eBay einen kleinen Anteil für sich, der Rest ging an den Verkäufer. Doch ein Problem stellte sich: Was passiert, wenn ich für einen kaputten Laserpointer bezahle, er jedoch funktioniert? Wie kann man Vertrauen aufbauen? Ganz einfach, wie man das früher auch machte – durch Hörensagen. Pierre führte als einer der ersten diese Idee auch online ein. Die Käufer bewerten Verlässlichkeit, Versandgeschwindigkeit und Preis, danach kann sich jeder andere ein Bild machen, ob er dem Verkäufer vertraut. Inzwischen wird dieses System von vielen anderen Anbietern ebenfalls genutzt.

* **Auktion**: Versteigerung: Wer den höchsten Preis bietet, bekommt den Zuschlag.

DIE SCHATZTRUHE
Ein neuer Weg in die Welt

Wir haben schon einige Meilen zurückgelegt.
Es ist Zeit, die erste Etappe unserer Reise einmal Revue passieren zu lassen, und die ersten tollen Ideen herauszusuchen, um sie in der Schatzkiste aufzubewahren. Tatsächlich sind Ideen Schätze – wie Gold, Münzen oder Edelsteine. Wir können uns sogar damit schmücken, wenn sie richtig brillant sind.

In dieser Schatztruhe ist also ein Ideenschatz enthalten. Um ihn zu finden, müssen wir hoch aufsteigen, um uns einen Überblick zu verschaffen, denn von oben sieht man Vieles genauer als von unten und aus der Nähe.

COMPUTER-INSEL | INSEL DER VIDEOSPIELE | INSEL DER DIGITALISIERUNG | WEB-INSEL | INSEL DES HANDELS

Wenn wir diese Insel aus großer Höhe betrachten, was erkennen wir, was wir von unten nicht gesehen haben? Zum einen entstand die digitale Revolution aus drei Tätigkeiten oder Aktionen. Dabei meine ich keine Alltäglichkeiten wir Zähneputzen, sondern eher größere, langfristigere, umfangreichere Aktionen. Diese drei Aktionen haben eine völlig neue Umgebung geschaffen und unser Leben Schritt für Schritt völlig umgekrempelt. Wir schauen uns das mal etwas genauer an.

Aktion 1: Texte, Töne und Bilder digitalisieren. Diese Aktion vollzog sich von der CD über die DVD bis hin zum MP3-Format und dauerte von 1982 bis 1996.

Aktion 2: Die Erfindung des Heimcomputers. Diese Aktion begann bereits vor langer Zeit mit den Computer-Dinos und entwickelte sich über eher seltene Modelle für Liebhaber bis zur großen Verbreitung durch die Apple-Heimcomputer, bis schließlich der PC mit Windows weltweit in vielen Haushalten Einzug hielt.

Aktion 3: Computer lernten, miteinander zu sprechen, und es entstand ein Netzwerk. Diese Entwicklung begann in den 60ern, führte schließlich zur Entwicklung des Web, bis 1997 Google gegründet wurde.

Offenbar wurden einige Werkzeuge erfunden, die dazu führten, dass im Alltag Einiges schneller ging. Wir hatten es offenbar satt, so viele Wege zurücklegen zu müssen. Wir wollten uns schneller bewegen. Wir wollten irgendwie fließen, ähnlich wie Wasser. Und im Grunde haben wir Folgendes getan: Wir haben in der digitalen Revolution die Daten in einen flüssigen Zustand gebracht **(Aktion 1)**, aus denen sich die Welt zusammensetzt, extrem feine Mischbatterien und Abflüsse entwickelt, um das riesige Aquädukt am Laufen zu halten **(Aktion 2)** und schließlich ein unbegrenztes Leitungssystem gebaut, das die Flüssigkeit in atemberaubender Geschwindigkeit in die

Haushalte der Menschen bringt **(Aktion 3)**. Das war 1997 erledigt. Zwar nicht perfekt, aber erstmal erledigt. Nun konnte jeder Mensch in der westlichen Welt zu Hause von einem Computer aus die Welt bereisen. Dank dieses Anschlusses hatte jeder Mensch Zugriff auf ein riesiges Reservoir, aus dem er jederzeit Wasser schöpfen aber auch welches in Umlauf bringen konnte.

Und was machte ein Mensch, wenn er diesen Anschluss, diesen Wasserhahn bediente?

Ganz einfach: Die Menschen tauschten persönliche Informationen (E-Mails, Suchergebnisse), Waren (Amazon, eBay) sowie die Pläne des Leitungssystems (Yahoo!, Google). Informationen, Waren, Pläne. Auch Seefahrer wie Christoph Kolumbus hatten im 15. und 16. Jahrhundert bereits dasselbe getan, als sie ihre großen Reiserouten offenlegten. Daran können wir klar erkennen, dass sich die Menschen völlig anders bewegten als in den Jahrhunderten zuvor, denn sie hatten andere Bedürfnisse und Wünsche. In erster Linie konnten sie nun alles direkt bekommen, ohne komplizierte Wege gehen zu müssen. Bei Amazon konnte man sich zum Beispiel direkt ein Buch zusenden lassen, ohne es vorher in einem Buchladen bestellen zu müssen. Mit Google hatte man direkten Zugriff auf Wissen, ohne sich von einem Lehrer oder Professor etwas erklären lassen zu müssen. Erkennst du diese Entwicklung? Wir überspringen Schritte und lassen damit viele aus, die vorher als Hüter des Wissens galten **(die sogenannten »Eliten«)**.*

Ein weiterer Instinkt war, die Realität offenzulegen. Wenn es möglich war mehr Licht in die Welt zu bringen, konnte man sie besser kennenlernen, verändern und verwandeln.

* **Elite**: (entsprechend der italienischen Enzyklopädie EnciclopediaTreccani) eine »Gruppe besonders kultivierter und maßgeblicher und darum einflussreicher Menschen innerhalb einer sozialen Gemeinschaft«

Das Web wurde geboren, mit ihm entstand eine Art
»Ultra-Welt«, **quasi ein zweiter Planet,** auf dem man
einfach reisen konnte und schnell fand, was man suchte.
Man konnte Informationen über sich selbst verbreiten,
Spuren hinterlassen, die von anderen entziffern, sich
selbst bekannt machen und andere kennenlernen.
Und all das war viel einfacher als in der physischen
Welt, in der wir lebten. Man hatte das Gefühl, eine
»erweiterte« Person zu sein, multidimensional, leicht.

Man konnte fliegen, schnell reisen, mit unglaublich vielen
Menschen kommunizieren. Eine völlig neue Lebensart.
Eine neue Zivilisation war geboren, erzeugt durch
eine Intelligenz, die sich zur Kommunikation mithilfe

von Maschinen bereiterklärte, wenn man so Grenzen überwinden, sich frei bewegen und die Kriege des letzten Jahrhunderts hinter sich lassen konnte. Man entschied sich für Bewegung statt Immobilität, für Offenheit statt Einschränkung, für Freiheit statt Ordnung.

Als uns Berners-Lee das Web schenkte, lieferte er uns einen Spielplatz, der für jeden zugänglich war, der dort spielen wollte – das alles intuitiv, ohne es sich von jemandem beibringen lassen zu müssen. Wir mussten lediglich eine neue Körperhaltung einnehmen **(Bildschirm-Mensch)** und die Althergebrachte hinter uns lassen **(Schwert-Pferd-Mensch)**.

Nun ist die Frage: Wenn ein Spieler lange für ein Spiel trainiert **(wir reden hier von Hunderten von Jahren)** und ihm nach einigen Leveln jemand ein anderes Spiel anbietet, mit dessen Regeln er sich nicht auskennt – ist es möglich, dass der Spieler bereitwillig alles hinter sich lässt und freien Herzens in das unbekannte Spiel eintritt? Was meinst Du?

ZWEITE ETAPPE

Das Potenzial des Web verstanden viele anfangs nicht. Viele Leute waren sich sogar sicher, dass dieses Ding **(das Web)** als vorübergehende Modeerscheinung schnell wieder verschwinden würde. Das wäre sicher auch so gekommen, wenn wir das Web nur besucht und nicht die Chance bekommen hätten, das Web zu schaffen, zu gestalten und nach unseren Vorstellungen auszubauen. Zu Beginn gab es 188 Millionen Internetnutzer, 3,1 % der Weltbevölkerung. Im Web waren 2 Millionen unterwegs, es gab 410.000 Websites.

Die erste Insel dieser Etappe, die wir gleich besuchen werden, ist die Webbing-Insel, sie sieht aus wie zwei miteinander verwobene Herzen.

Eins steht für den Motor, der es uns erlaubt, uns in der normalen Welt zu bewegen und zu atmen, die andere ist der Motor, der dasselbe in der Ultra-Welt des Internet und Web ermöglicht. Diese beiden Realitäten sind zwar sehr unterschiedlich, gehören aber zu unserem neuen Leben dazu. Vor der digitalen Revolution gab es die eine Welt noch gar nicht. Wir haben sie erst erschaffen. Gemeinsam treiben diese beiden Herzen eine Welt an, wie wir sie uns immer erträumt haben, die wir aber vorher nie kannten. Wir nennen sie »Post-Erfahrung«, denn die können wir nur sammeln, wenn wir die Ultra-Welt betreten. Also lasst uns die Fallschirme anlegen. Fertig zum Sprung! Wir segeln wieder hinab!

Die Webbing-Insel

Angekommen auf dieser Insel, müssen wir erst einmal verstehen, was »Webbing« eigentlich bedeutet: die reale und die Ultra-Welt miteinander zu verbinden, zu »verweben«. Heute tun wir das ständig, die Ultra-Welt ist zum täglichen Begleiter geworden **(Du brauchst dazu nicht mehr als Dein Smartphone!)**. Anfangs erlebten wir sie jedoch Dank der Gründung von Napster, Wikipedia, Skype und YouTube – all diese Städte werden wir besichtigen. Dort begannen wir mit dem Experiment »Post-Erfahrung«. Auf dieser Insel konnten wir ausprobieren, wie es ist, mit dieser neuen Realität in Kontakt zu treten.

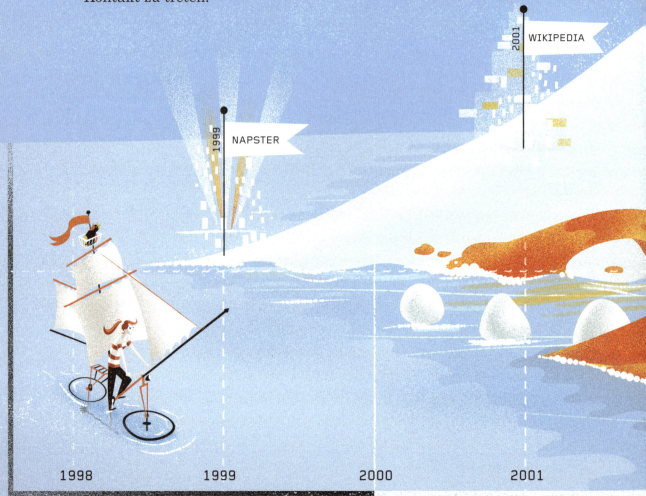

Der geniale Bandit

Bis zum Beginn des 21. Jahrhunderts waren es noch 6 Monate. Das Jahr 2000 wurde mit Spannung erwartet, manche waren sich gar sicher, das Ende der Welt sei gekommen. Tatsächlich war eine Branche vom Aussterben bedroht, nämlich die Musikindustrie. Und alles wegen Shawn Fanning und Sean Parker – beide zusammen waren noch nicht einmal 40 Jahre alt –, die am 1. Juni 1999 Napster gegründet hatten. Sie nahmen die Grundsätze von Professor Berners-Lee wörtlich und schrieben ein Programm, mit dem man Musik auf einen Computer hochladen, teilen und herunterladen konnte – kostenlos. Das Projekt wurde zwar für illegal erklärt, inzwischen hatten die beiden jedoch bewiesen, dass man sich die unendliche Freiheit des Internet zunutze machen konnte, wenn man nur clever genug war. Außerdem richteten sie damit ein gewaltiges Durcheinander an.

Wiki-Wissen

Wenn wir den Menschen um 1900 erzählt hätten, eines Tages gäbe es einen Ort, an dem alles Wissen kostenlos und für alle verfügbar wäre, dann hätten sie wohl kaum ihren Ohren getraut. Die Idee der Wikipedia-Gründer wäre für sie utopisch gewesen. Mit einem Werkzeug wie dem Web ließ sich jedoch eine Enzyklopädie in die Realität umsetzen, die einzig auf Partizipationskultur* und gemeinsamem Wissen aufbaute. Wikipedia entstand 2001 nach einer Idee von Jimmy Wales und Larry Sanger.

Ihr Name entstammt einer Mischung des hawaiischen Wortes *wiki* – schnell – und des griechischen *paideia* – Bildung, Kultur. Sie ist die größte Enzyklopädie der Welt – allerdings kann sie im Unterschied zu den meisten anderen von jedem kostenlos und freiwillig bearbeitet und aktualisiert werden. Man braucht keine besondere Ausbildung, um Artikel in Wikipedia zu schreiben.

Fällt dir etwas ein, was in Wikipedia fehlt? Dann los …!

* **Partizipationskultur** bedeutet, jeder kann sich beteiligen, indem er oder sie schreibt und so etwas beiträgt.

Schau mich an

Vielleicht wollen die beiden Skype-Gründer die Kommunikation vereinfachen (Janus Friis aus Dänemark und Niklas Zennström aus Schweden) – jedenfalls entwickelten die beiden ein System, mit dem man sich per Computer unterhalten kann. Skype wurde aus der Taufe gehoben und Computer begannen, Telefongespräche zu führen. Im Unterschied zum traditionellen Telefon kosteten diese Anrufe plötzlich nichts mehr. Große Telefonrechnungen wurden niedriger oder verschwanden, und mit ihnen auch die ewigen Diskussionen in den Familien, weil die Telefonrechnungen bei langen Freundinnen-Telefonaten durch die Decke gingen. Denn vor »langer Zeit« kommunizierten wir über Festnetzanschlüsse, und man zahlte pro Zeit, die man am Telefon verbrachte. Inzwischen gibt es Flatrates und Telefongespräche kosten kaum noch etwas. In den ersten zehn Jahren nach seiner Gründung konnte Skype 900.000 Nutzer erreichen, nicht zuletzt aufgrund einer Neuerung, für die es berühmt wurde: Videotelefonie. Nun konnten sich Menschen, die einander lange nicht gesehen haben, endlich wieder in die Augen schauen!

Das TV bist Du

Was glaubst Du, wie lang das erste YouTube-Video aus dem Jahr 2005 war? Und worum es darin ging?
»Okay, wir stehen hier vor den Elefanten. Das Lustige an diesen Typen ist, dass sie richtig, richtig lange Rüssel haben. Das ist cool. Und mehr gibt es hier auch nicht zu sagen.« Der Name des Videos lautet *Me at the Zoo* (Ich im Zoo), es ist 18 Sekunden lang. Wir sehen Jawed Karim, einen der Gründer von YouTube **(die anderen sind Chad Hurley und Steve Chen)**, der vor dem Elefantengehege im Zoo von San Diego gefilmt wurde. Dies ist das erste YouTube-Video der Geschichte. Diese Plattform, aktuell die am zweithäufigsten genutzte der Welt, wurde aus dem Bedürfnis heraus entwickelt, jede Art von Video frei und sofort über das Web austauschen zu können. Somit entstand zum ersten Mal eine Art **freies und maßgeschneidertes Fernsehen.** Das klassische Fernsehen sendete zudem auf recht wenigen Kanälen und so war das Angebot an Sendungen nicht besonders vielseitig. Beliebt waren vor allem Nachrichtensendungen, bei Kindern Cartoons und Serien, meistens im Vorabendprogramm.
Das Experiment von Chad, Steve und Jawed führte dazu, dass heute etwa 400 Stunden Video pro Minute hochgeladen werden. Dabei spielt es keine Rolle, ob der Inhalt etwas taugt, schön oder hässlich ist, lustig oder verrückt, ob er die Realität widerspiegelt oder zeigt, wie gut jemand *Fortnite* spielen kann. Wichtig ist, ein »Erlebnis« im Web zu teilen.

Die Smartphone-Insel

Der Aufenthalt im Web wurde zunehmend unterhaltsamer. Das Web ließ sich nicht nur leichter benutzen, man konnte es auch zunehmend verändern. So bekam es immer mehr Fans, denn mehr und mehr Menschen verstanden, wie sie hier mitspielen konnten. Zu jener Zeit wuchs der Wunsch nach neuen Geräten, um sich in der Ultra-Welt zu bewegen. Wir brauchten und wünschten uns ein Gerät, um gleichzeitig an mehreren »Brettern« spielen zu können (**Bildschirmen, in diesem Fall**) und so unserem Gefängnis zu entfliehen – dem Schreibtisch. Schließlich wurde es nach so langer Zeit am PC mal Zeit, die Beine etwas zu strecken. Wir brauchten also ein Paar bequeme Laufschuhe, schnell, dynamisch – und etwas zum Herumtragen. So wurde das Smartphone erfunden.

1995　　　　　　　　　　　　　　　　　　　　　　　　　　2000

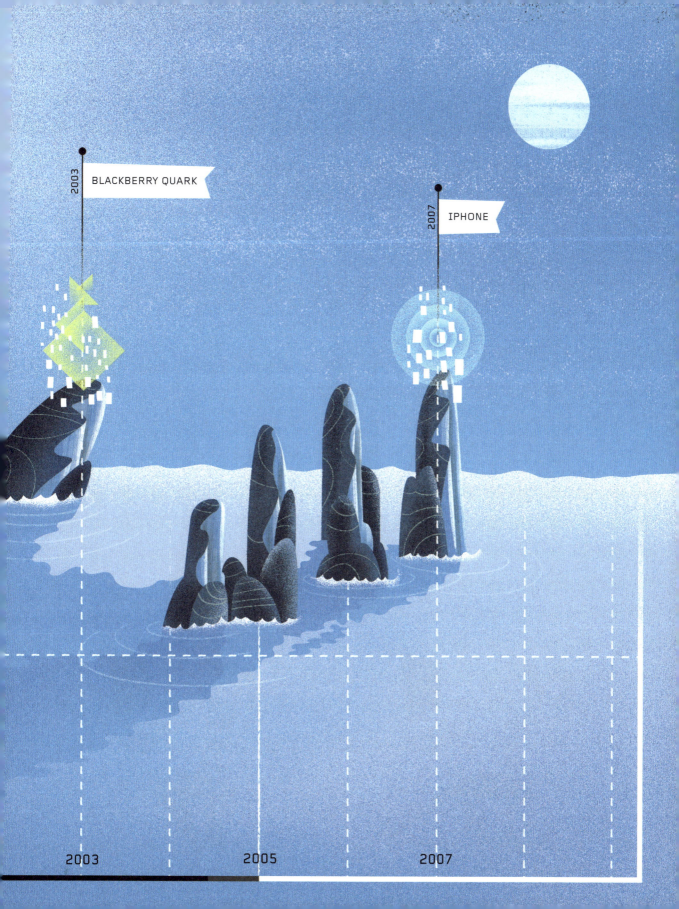

Die Beine strecken

Zwar brachte IBM bereits 1994 ein intelligentes Handy auf den Markt, mit dem man **(ein Spiel)** spielen und E-Mails senden konnte, doch wir mussten bis 2003 zum BlackBerry Quark warten, bis mehrere Menschen ein solches Gerät in den Händen halten konnten.

Ebenso wie die Jungs von Skype einen Computer in ein Telefon verwandeln konnten, machten die Entwickler beim BlackBerry Quark ein Telefon zu einem Computer, allerdings zu einem, der in die Hosentasche passte. Ein Telefon mit Bildschirm und einer Computertastatur – allerdings im Miniformat. Damit konnten wir endlich vom Schreibtisch aufstehen und herumlaufen, ohne die Ultra-Welt verlassen zu müssen. **Quasi Science-Fiction!**

Zwar war die Idee revolutionär, doch das Ende des BlackBerry Quark war in dem Moment besiegelt, als anwenderfreundlichere und effizientere Smart-Modelle auf den Markt kamen.

Nach Hause

»It takes you home from wherever you are.« (Er bringt dich nach Hause, wo immer du auch bist.) Das ist keine Zeile aus einem Liedtext, sondern ein Versprechen von Steve Jobs, der am 9. Januar 2007 das erste iPhone vorstellte und die einzige Taste drückte, die dieses Smartphone anzubieten hatte.
Gekleidet in Jeans und schwarzen Rolli versprach Steve seinem Publikum, dass es mit dieser runden Taste von überall wieder nach Hause gelangen könne.
Um diese Taste zu drücken und um dem eleganten, schwarzen Gerät seine vielen Funktionen zu entlocken, brauchte man das beste Werkzeug, das die Natur für solche Zwecke vorgesehen hat: seinen eigenen Finger.
Dank der Erfindung der Touch-Technologie können wir alles öffnen, was wir wollen **(Karten, Fotos, Musik, Telefonverzeichnisse)**, durch unsere Kontakte scrollen und so weiter. Wir haben uns daran gewöhnt, in ein Foto einzuzoomen, indem wir Daumen und Zeigefinger auseinanderziehen. Dieses Telefon ist der Schlüssel zum Internet, eine Tür zum Web, eine Spielkonsole, eine Musikbox und ein Schrank voller Spiele. Von seiner Konzeption ist es angelegt wie der Automat, mit dem man *Space Invaders* spielen konnte, nur kann man das iPhone in der Tasche herumtragen. Es sieht zwar einfach aus, ist aber ein unglaublich kompliziertes Werkzeug, doch das sieht man ihm nicht an, denn es ist wunderschön, lustig und sehr leicht zu bedienen.
Intelligent? Industriell? Immerschlau? Ich? Nein!
Das »i« in iPhone steht für vor allem »Internet«.

Die Insel der sozialen Medien

So komisch es klingt, erst nachdem wir diese Insel Anfang der 2000er-Jahre erreicht hatten, begannen wir, nicht mehr nur Dokumente, sondern uns selbst in der Ultra-Welt zu bewegen, unser »Profil«, unsere Geschichte und in einigen Fällen sogar unsere Gefühle und Wünsche. Diese Insel ist der Beweis, dass wir diese Insel besiedeln, indem wir nach dem Rhythmus zweier

Herzen leben: dem der Welt und dem der Ultra-Welt, die gemeinsam für uns eine neue Realität schaffen. Dreißig Jahre sind seit der Invasion der Marsianer von *Space Invaders* vergangen, seitdem also eine neue Zivilisation auf der Erde aufgetaucht ist.
Na los, schauen wir sie uns einmal an!

Such mich doch!

2002 waren knapp über 50 Prozent aller gespeicherten Daten digital, doch in der Ultra-Welt hatten Menschen noch keine Spuren hinterlassen. Das änderte sich erst, als ein gewisser Reid Hoffman das Unternehmen LinkedIn gründete. Es begann als totaler Reinfall, doch Hoffman gab nicht auf und glaubte weiter fest an sein Projekt. Inzwischen verzeichnet die Site mehr als 630 Millionen Nutzer. Es begann mit dem Slogan »Relationships matter« (Beziehungen sind wichtig), denn die Webseite ist ein eigentlich kostenloses soziales Netzwerk mit einigen Bezahlangeboten, bei dem Menschen online ihre Lebensläufe teilen und Unternehmen Jobangebote einstellen können. So werden diejenigen, die eine Arbeit suchen, mit denen vernetzt, die Stellen anbieten.

Hör Dir das an

MySpace war das größte soziale Netzwerk, bis Facebook auftauchte. Man ging auf die Webseite, erstellte ein Profil und begann, sein eigenes Netzwerk aus Kontakten aufzubauen, mit denen man Musik, Videos und Fotos teilen wollte. Nach der Registrierung war Dein erster Freund immer Tom Anderson, der Projektgründer, der Dich mit einem Lächeln willkommen hieß.
Das Einzigartige an MySpace war, dass jeder – ob berühmt oder nicht – Musik im MP3-Format in sein Profil posten konnte.
Es entwickelte sich zu einem sozialen Netzwerk, das vielen Gruppen und Sängern eine Bühne bot, die selbst noch keine Alben veröffentlicht oder Verträge mit Plattenfirmen gemacht hatten.
Von 2005 bis 2008 war es das am häufigsten besuchte soziale Netzwerk der Welt, 2006 wurde es in den USA sogar öfter aufgerufen als Google. Die Site gibt es immer noch, auch wenn viele Profile inzwischen nicht mehr aktiv sind.

Schau es Dir mal an, so sahen soziale Netzwerke vor Facebook, Instagram oder TikTok aus.

Erinnerungsfotos und mehr

Die Gründerin des Fotoportals Flickr ist eine Frau. 2004 startete Caterina Fake mit ihrem Kollegen Stewart Butterfield eine Webseite, die auf einer sehr einfachen Idee aufbaute – die aber zuvor offenbar noch niemand hatte: Hier wurden Privatfotos online mit anderen geteilt und man konnte eine Art Tagebuch seines Lebens führen und mit Freunden und Bekannten in Kontakt bleiben.
Heute können Fotos mit Tags (Etiketten) katalogisiert werden.
Die Profile sind öffentlich oder privat. Du kannst Flickr auch einfach so besuchen und die Fotos anderer Leute anschauen – ohne angemeldet zu sein, und Du kannst Flickr als Bildersuchmaschine mit verschiedenen Kategorien benutzen. Für eine gewisse Anzahl von Bildern ist Flickr kostenlos. Es wird auch heute noch aktiv genutzt, trotz Instagram.

Zeig Dein Gesicht

Schließlich und endlich sind wir in der meistbesuchten und meistbewohnten Stadt auf der Insel angekommen, die wir gerade erforschen: Facebook. Es wurde am 4. Februar 2004 von Mark Zuckerberg als Projekt für Harvard-Studenten entwickelt und gegründet, fand jedoch bald auch an anderen Unis Verbreitung, bis es schließlich alle nutzen konnten, die über 18 sind. Inzwischen wurde die Altersgrenze auf 13 verschoben und aktuell wird Facebook von mehr als 2,5 Milliarden Menschen weltweit genutzt. Über 2 Milliarden Menschen haben also die Ultra-Welt betreten, sich bei Facebook angemeldet und einen Teil ihres Lebens hierher verlagert. Aktuell ist Facebook eine Plattform, von der aus man Nachrichten versenden kann **(Danke, Messenger!)**, Videos aufzeichnen und teilen sowie Interessengruppen gründen und suchen kann. Kurzum: Diese riesige und ständig wachsende Großstadt ist vielleicht die größte Kolonie in der Ultra-Welt. **Mal sehen, vielleicht komme ich ja auch mal vorbei uns besuche Dich, bleibe ein paar Tage und schaue mich um. Mal sehen, ob es mir gefällt.**

140 Zeichen zwitschern

Mobiltelefone boten gleich von Beginn an eine Zusatzfunktion, auch als sie noch nicht smart waren: die SMS*. Die ersten SMS, die von einem Handy zum anderen geschickt wurden, konnten aus technischen Gründen maximal 18 Zeichen lang sein. Nach der einen oder anderen Entwicklung wurden daraus 140 Zeichen. Aber das war nicht von Anfang an ein Erfolg. Nur zum Spaß: Was meinst du, wie viele SMS ein Besitzer eines Nokia**-Handys im Jahr 1994 durchschnittlich pro Monat verschickte? Eine. Genau eine.
Seitdem hat sich vieles verändert und inzwischen schreiben wir jede Menge Kurznachrichten. In dieser Landschaft der Wörter tauchte auch Twitter auf.
Der blaue Vogel im Logo des Unternehmens heißt »Larry, the bird« als Erinneurng an einen ehemaligen NBA-Basketballspieler und Trainer. Twitter entstand aus der Idee, zwei beliebte Tätigkeiten zu einer zu verbinden: sich gegenseitig Nachrichten zu schicken und Teil eines sozialen Netzwerks zu sein. Heute twittern viele, um ihre Meinung zu verschiedensten Themen zu verbreiten. Vom Präsidenten der USA bis zum Onkel deiner Schulfreundin scheinen alle immer etwas zu sagen zu haben.
Inzwischen wurde die maximale Tweet-Länge auf 280 Zeichen verdoppelt – was nicht heißt, dass sie dadurch sinnvoller geworden wären.

* **SMS**: Short Message Service – Kurznachrichtendienst über das Telefonnetz, ohne Internet möglich)

** **Nokia**: Finnischer Handyhersteller, der sein Geschäft ursprünglich mit der Herstellung von Gummistiefeln begann

DIE SCHATZTRUHE
Mögen die Spiele beginnen!

Mit Twitter haben wir bereits die zweite Etappe unserer Reise fast geschafft.

Ich sage fast, denn nun wird es Zeit, einmal einen Blick zurückzuwerfen und ein paar Goldstücke für unsere »Schatztruhe der Ideen« einzusammeln.

Vor allem ist es überraschend, festzustellen, dass wir uns in den Jahren zwischen 1999 und 2006 wie im Videospiel bewegt haben. Wir erfanden Werkzeuge und starteten Online-Projekte, um ins nächste Level zu gelangen, ohne das Spiel zu unterbrechen. Aber nicht nur.

Wir schufen auch Objekte, die wie Videospiele *funktionierten*.

Schau Dir einmal Steve Jobs bei der Präsentation des iPhones an (ganz leicht auf YouTube zu finden). Er sieht nicht aus, als hielte er ein Handy in der Hand, sondern eher ein Videospiel, mit dem er jede Menge Spaß haben kann.

Alle Werkzeuge der digitalen Revolution gelten als leicht anwendbar, bunt und schnell: Sie lösen Probleme, und das so, dass es Spaß macht. Probleme werden zu Marsianern, die die Erde überfallen, und wir müssen sie vernichten. So geht das. Das war allerdings nicht immer so. Vielleicht wollten wir vor allem Spaß und haben deshalb die Straße zur Digitalisierung eingeschlagen und nie wieder verlassen.

Anfangs benutzten nur 188 Millionen Menschen (oder 3,1 Prozent der Weltbevölkerung) das Internet. Zehn Jahre später waren es bereits 1 Milliarde und 500 Millionen, was 23 Prozent der Weltbevölkerung entspricht. Es gab 22,4 Millionen Websites und zehn Jahre später waren es 172 Millionen. Innerhalb von zehn Jahren ist die Anzahl der Amazon-Kunden von 1,5 Millionen auf 88 Millionen angestiegen. Anfangs besaßen 35 Prozent der US-Bürger einen Computer, zehn Jahre später waren es 72 Prozent. Wenn wir also anfangs noch Zweifel hatten, ob wir uns auf dieses neue Spiel einlassen sollten, so waren wir schließlich davon überzeugt.

Nach dem ersten Klick auf Play schlugen wir zwei Richtungen ein:

- **die erste** wird klar, wenn wir unser Fernglas auf die Insel der sozialen Medien richten: Wir besiedelten die Ultra-Welt und gründeten Siedlungen, in denen wir unsere **IDENTITÄT** niederließen.

- **die zweite** war, ein Werkzeug zu schaffen, mit denen wir uns zwischen der Welt und der Ultra-Welt möglichst einfach bewegen konnten. Das war das **SMARTPHONE**.

Als wir das endlich in der Tasche hatten, ließen wir die Welt, wie sie einmal war (in den 90er-Jahren), für immer hinter uns. Denken wir noch einmal zurück:

Wenn wir uns das Leben als Spiel vorstellen, dann bestand es in erster Linie darin, Hindernisse aus dem Weg zu räumen, um das zu bekommen, was wir wollten.

Konnten wir sie allein überwinden?

Dazu brauchten wir Vermittler oder Experten **(quasi unsere Meister)**, sie bildeten die Elite.

Ein Beispiel: Um ein Buch zu bekommen, musste man einen Buchladen besuchen. Um eine Nachricht zu senden, musste man sich auf den Briefträger verlassen. Um ein Handwerk zu erlernen, besuchte man eine Schule. In den 90ern konnte man sich verschiedene Dinge wie Reisen, Einkaufen, Kommunikation und Wissen nicht ohne solche Eliten vorstellen. Alles war also ziemlich kompliziert und langsam.

Stellen wir uns vor, unsere Wünsche wären in den 90ern in einer Truhe am Meeresboden begraben. Sie wurde von Experten bewacht, und um an ihren Inhalt zu gelangen, musste man sie befreien – wofür man schließlich sein Leben aufs Spiel setzte. Als wir die Eliten ausgespielt hatten, konnten wir die Truhe öffnen und unsere Wünsche stiegen an die Oberfläche.

Jetzt, da sie oben schwimmen, können wir sie in aller Ruhe betrachten.
Kannst Du sie sehen? Überraschen sie Dich?
Eine Überraschung ist, dass sie wie **App**-Icons aussehen.
Sie sind bunt, spannend und wirken fröhlich.
Dank der digitalen Revolution sind wir von der Verwirklichung unserer Wünsche nur ein Geräusch weit entfernt: einen *Klick*. Wir brauchen unsere Lungen nicht mehr mit viel Luft zu füllen, brauchen keine Taucherausrüstung, um zum Meeresboden zu gelangen – vielleicht sogar noch in einem Sturm. Kein Aufwand mehr nötig. Jemand hat den Schatz freigelegt und nun ist alles nur noch ein **GAME**.
Es ist sowas von simpel:
Klick und verreise.
Klick und kaufe ein.
Klick und kommuniziere.

»Das ist zu einfach!«, beschwerten sich manche. »Da ist sicher einiges verloren gegangen.«

Zweifel kamen auf, vor allem bei jenen, die sich nicht mit den digitalen Werkzeugen auskannten. Manche waren davon überzeugt, dass wir durch diese Vereinfachung zu oberflächlich würden.

Wo blieb das Engagement?

Wo blieb die Mühe?

Was geschah mit Aufopferung und Geduld?

Sicher, die haben wir irgendwo im Meer gelassen. Und wenn es keine Aufopferung und Engagement mehr gab, keine Mühe und keine Geduld, dann haben wir bestimmt auch die Schönheit und Magie verloren. Also verloren wir unsere Seele.

PANIK.

Aber das neue Spiel war nun bereits gestartet, was also konnte man tun?

Es anhalten?

Manche glaubten, man könne die Entwicklung stoppen, andere widerstanden der Versuchung mitzuspielen, weil sie fürchteten, sich zu verlaufen, denn sie waren die neue Welt noch nicht gewohnt **(die Ultra-Welt)**. Eine Welt ohne Grenzen, die sich ständig änderte und aktualisierte. Eine Welt ohne Hoch und Tief und ohne Form. Und während diese Menschen von so viel Instabilität beeindruckt waren, kamen die ersten *Gamer*. Sie hatten bereits beschlossen, dass sie das Spiel gern spielen wollten: Sie begannen, sich zu Champions zu entwickeln, sie beherrschten die Kunst des Spiels meisterhaft.

Wir richten unsere Ferngläser auf die Insel der sozialen Medien. Dort ist die Trennung zwischen denen, die selbst spielen, und denen, die von der Seitenlinie zuschauen, deutlich erkennbar. Wir können verstehen, wie der Nicht-Spieler denkt: Er befürchtet, seine Seele zu verlieren. Andere wiederum glauben, dass dieses Spiel – the Game – ihr Leben bereichert, weil andere darauf aufmerksam werden und daran teilhaben können.
Sie verlegen ihre Existenz in die Ultra-Welt in der Hoffnung, besser wahrgenommen zu werden, bekannter zu werden, lebendiger zu sein.
Wenn sie erfolgreich sind, gewinnen sie.
Was sie gewinnen?
Die Chance, massenhaft Erfahrungen auf eine völlig neue Weise zu sammeln. Eine Weise, die ihre Vorfahren nicht kannten, um so die Bedeutung von Dingen zu entdecken, indem sie sie von der Oberfläche des Meeres einsammeln – mit schnellen und einfachen Bewegungen.
Eine völlig neue Art zu leben, sicher. Vielleicht riskant, schwierig, voller Fehler, aber so leben wir nun einmal.
Das Spiel wurde gestartet.
Möchtest Du wissen, wie es weitergeht?

DIE DRITTE ETAPPE

Ich schaue Dich an und frage mich – jetzt, 2006: Wer weiß, ob wir verstanden haben, dass wir selbst die Protagonisten des **GAME** sind? Wer weiß, wie viele von uns verstanden haben, dass wir die neuen Spieler sind? Wer weiß, ob ein unschlagbarer Spieler unter uns ist?
Aktuell sind wir diejenigen, die bereits am besten Spiel des Games teilnehmen.
Aber wenn das wirklich so wäre, könnten wir auch erzählen, wie die Geschichte zu Ende geht. Wir werden sie vielleicht in zehn Jahren zukünftigen Generationen erzählen, wenn wir unsere Ferngläser rückwärts richten und versuchen uns zu erinnern, welche Intentionen uns im ständig veränderlichen Spiel vorangetrieben haben. **(Und wer weiß, wie wir die Regeln bis dahin geändert haben werden …)**
Ist die Reise nun also vorbei?
Noch nicht.
Wir haben noch ein paar Meilen vor uns, um endlich die goldene Sandküste, die Schwelle zur Zukunft, zu erreichen. Wir werden am *AlphaGo*-Pier anlegen, der einzigen Stadt im Territorium der künstlichen Intelligenz, die wir besuchen können.
Um sie zu erreichen, bereisen wir zuerst die kleinen Inseln im Speicher-Meer, die zusammen das App-Archipel bilden.

Das App-Archipel

Dieses Archipel entstand am 10. Juni 2008. An diesem Tag tauchte zum ersten Mal eine App* im iTunes Store auf, im Oktober darauf drangen sie auch in den Android-Marktplatz** vor. Zu jener Zeit hatten viele von uns beschlossen, beim Game mitzuspielen. Der Grat zwischen Welt und Ultra-Welt wurde immer schmaler, fast unsichtbar. Darum sollte jeder diese kleinen Inseln einfach erreichen können, ohne erst zu Hause den Computer

* **App**: mobiles Computerprogramm. Wenn wir sie auf dem Computer starten, heißen sie »Programme« oder »Software«.

** **Android-Marktplatz**: App-Store für Android; bei seinem Start enthielt er ca. 50 Apps.

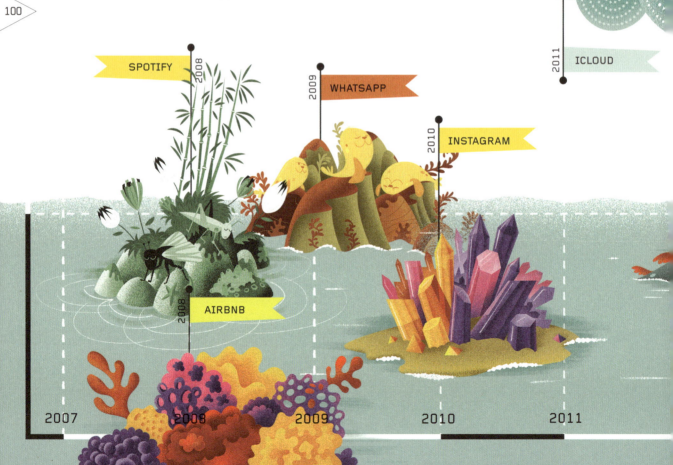

einschalten zu müssen. Das App-Archipel besteht aus vielen Inseln, die eng beieinander liegen, weil so viele Apps kurz nacheinander erfunden wurden. Wir besuchen jedoch nur die interessantesten in chronologischer Reihenfolge.

Allerdings müssen wir vorsichtig navigieren, denn das Meer ist hier flach, und wir könnten leicht auf Grund laufen.

Beginnen wir also mit der ersten Insel: Spotify.

Ohren auf

Wir sind in Stockholm. Wir schreiben das Jahr 2008. Es ist Oktober. Der 7. Oktober, um genau zu sein. Daniel Ek, der bereits mit 13 begann, mit dem Web Geld zu verdienen, hebt Spotify aus der Taufe – mit einer Idee im Hinterkopf: »Musik ist für alle da.«
Was er sich vorstellte, war eine Art elementares Videospiel, bei dem alles schnell, cool und fast magisch sein sollte – so einfach sollte man es benutzen können. So entstand Spotify, ein legaler Dienst, der Musik aus der ganzen Welt auf einem einzigen Kanal anbot. Diesen Dienst gibt es kostenlos oder als bezahltes Abo.
In beiden Fällen hast Du Zugriff auf unendlich viel Musik (mit Werbeunterbrechung, wenn du nicht bezahlen willst).

Schritt für Schritt kamen neue Dienste hinzu, so zum Beispiel die Möglichkeit, eine Art eigenen Radiokanal zu erstellen, dessen Musikauswahl auf dem bisher Gehörten aufbaut. 2010 umfasste der Katalog von Spotify bereits um die 15 Millionen Songs. 2018 erreichte der Dienst 70 Millionen Abonnenten.

Mein Haus ist voller Musik, und Spotify läuft von morgens bis abends. Am liebsten mag ich den »Mix der Woche«, eine Playlist, von der Spotify denkt, dass sie Dir gefallen könnte. Sie trifft bei mir fast immer. Aber während es einige Leute toll finden, halten es andere für eine »Einschränkung ihrer Hörfreiheit«. Das sieht jeder anders.

Ist da noch ein Fleckchen frei?

Hast Du eine Luftmatratze zu Hause? Fotografiere sie, poste das Bild in die Ultra-Welt und vermiete sie! Nach einer solchen Idee entstand Airbnb* in San Francisco. Brian Chesky und Joe Gebbia, zwei Schulfreunde, starteten die Website. Anfangs wurden darüber nur Zimmer vermietet. Inzwischen gibt es auch Häuser, Baumhäuser, Zelte, ungenutzte Boote und selbst Flugzeuge, die in Wohnungen verwandelt werden. Und womit verdienen die Gründer Geld? Ein Prozent des Mietpreises geht an Brian, Joe und ihren Freund Nathan Blecharczyk, der später hinzukam. Wenn man überlegt, dass 2019 zwei Millionen Menschen mit Airbnb Übernachtungen gefunden haben, überrascht es nicht, dass das Unternehmen 2018 bereits mit dem Gedanken spielte, auch in Luftreisen einzusteigen. Mal sehen.

* **Airbnb**: Abkürzung für »Air-bed & breakfast« – ein Wortspiel – Airbed ist eine Luftmatratze, Bed&Breakfast ist eine private Unterkunft.

Nicht die Gruppe verlassen

Als es 2009 auftauchte, konnte man sich kaum vorstellen, dass WhatsApp nur fünf Jahre später für sagenhafte 19 Milliarden Dollar von Facebook gekauft wurde und so das mehr als 50-Fache der Entwicklungskosten einbrachte. WhatsApp ist ein Instant-Messenger, mit dem die Anwender Texte, Bilder, Audio-Dateien, Video, Dokumente und Kontaktinformationen zwischen Einzelpersonen oder Gruppen austauschen können. Anfangs funktionierte WhatsApp nur auf dem Handy, inzwischen gibt es auch eine Computerversion. WhatsApp ist nur einer von vielen Messengern – hinzu kamen Telegram, Line, Viber, Threema und viele mehr, wobei WhatsApp noch immer die höchste Verbreitung hat.

Ich? Ich nutze Telegram: Ich mag animierte Sticker, und die gab es hier zuerst.

Bilder ... sofort!

Die Insel Instagram, oder Insta, wurde am 6. Oktober 2010 besetzt. Die Idee ist einfach: Mit dem Smartphone aufgenommene Fotos oder Videos werden mit Effekten versehen (z. B. Filtern) und auf Instagram geladen. In neueren Versionen können sie so auch über soziale Netzwerke geteilt werden. Die Fotos sind quadratisch, haben abgerundete Ecken und ein altes Format – eine Hommage an Polaroid oder Kodak und die Instamatic-Analogbilder. Irgendwann kamen die kurzen Storys bei Instagram hinzu – aus mehreren Bildern oder kurzen Videos: Sie sind nur 24 Stunden sichtbar, also perfekt geeignet, um Momente Deines Lebens aufzuzeichnen, zu teilen und schnell wieder verschwinden zu lassen. Anfangs gab es Instagram nur fürs iPhone, doch 2012 hoben seine Schöpfer – Kevin Systrom und Mike Krieger – auch eine Version für Android aus der Taufe. 2016 wurde die App auch für Nutzer eines Mobilgeräts mit Windows-Phone verfügbar. 2018 übergaben die Gründer Instagram an Facebook – sie hatten es bereits am 9. April 2012 verkauft.

PS: Richtig, gut aufgepasst! Facebook besitzt inzwischen WhatsApp und Instagram. Mal sehen, was sie als Nächstes einkaufen ...

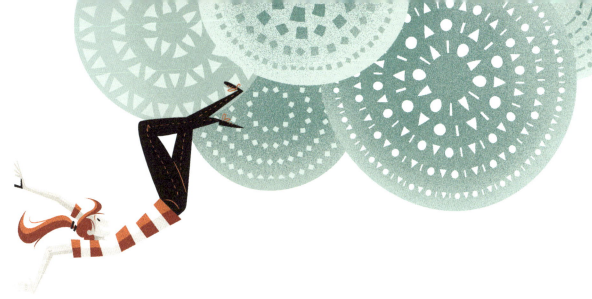

Die besondere Wolke

Sicher wurden 2011 noch viele weitere Apps erfunden, aber ich würde hier gern mal kurz Pause machen und die netten kleinen Wolken betrachten, die just in jenem Jahr auftauchen und seitdem über uns schweben.
Wozu sind sie da? Sie können Deine Informationen speichern, Deine Fotos, Dokumente, Apps – und das weder bei Dir zu Hause noch auf Deinem Computer. Dieser Ort ist federleicht wie eine Wolke. Apple begann mit der iCloud. Wenn Du unterwegs bist, kannst Du Dein Smartphone mit der Cloud verbinden, herunterladen, was Du brauchst, bearbeiten und es dann wieder hochladen. Natürlich ist es ein merkwürdiges Gefühl, Privatangelegenheiten an einem Ort zu speichern, den Du selbst nicht im Auge behalten kannst. Doch man gewöhnt sich daran: Nach einer Weile denkst Du nicht mehr darüber nach. Und welche Leichtigkeit uns dieses System gibt ... als würdest Du ohne Schultasche zur Schule gehen, dennoch aber Deine Bücher immer dabei haben ...
Wunderschön. Hilfreich. Praktisch.
Tatsächlich hat die Cloud nichts mit dem Himmel und Wasserdampf zu tun – es handelt sich um verteilten Speicherplatz, von dem aus Du von überall her zugreifen kannst.

Nimm Musikclips auf

Douyin wird im September 2016 von der Firma ByteDance gestartet. Die App, die in gerade mal 200 Tagen entwickelt wurde, hat bereits 365 Tage nach ihrem Start 100 Millionen Anwender erreicht und pro Tag wurden 1 Milliarde Videos angeschaut. 2017 wird ihr Name geändert – sie heißt jetzt TikTok.
Damit kannst Du kurze **(3-60 Sekunden)** oder super kurze **(3-15 Sekunden)** Videoclips aufnehmen, meist begleitet von Musik. Die App bringt eine riesige Musikbibliothek mit, geordnet nach verschiedenen Genres. Du kannst nicht nur Filter anwenden, sondern auch bestimmen, wie schnell das Video laufen soll. Bei vielen dieser Mikro-Videos dreht es sich um Challenges, Herausforderungen, um einander zu übertrumpfen: von gefährlichen Sprüngen über extrem komplizierte Tanzschritte bis hin zu unerwarteten Styling-Tipps. Wer es kann, probiert sich an der Synchronisation von Songs oder Filmszenen aus. Schließlich kann das Mikro-Video auch auf TikTok geteilt werden.

Eigentlich macht mich TikTok eher nervös, trotzdem kann ich stundenlang zuschauen. Ich weiß auch nicht, warum …

109

Schießen in der 3. Person

Am 28. Juli 2019 kehrte Kyle Giersdorf, 16, mit Spitznamen »Bugha«, aus New York ins Haus seiner Eltern in Pennsylvania zurück – mit 3 Millionen Dollar in der Tasche.
»Hast Du eine Bank ausgeraubt?«, mögen seine Eltern gefragt haben. »Nein, keinesfalls«, war wohl seine Antwort.
Bugha hatte einfach die *Fortnite*-Weltmeisterschaft gewonnen. Dabei hätte es sogar noch besser laufen können. Immerhin hatte Epic Games, der Hersteller von Fortnite, 30 Millionen ins Rennen geworfen. Hättest Du nicht selbst Lust auf die nächste WM? Dann solltest Du schon einmal gut trainieren – allerdings musst Du mindestens 12 Jahre alt sein. Dann kannst Du *Fortnite* kostenlos auf Tablet, Handy, Computer oder Konsole herunterladen. Fortnite ist ein TPS*-Spiel mit drei verschiedenen Spielmodi: »Rette die Welt«,»Battle Royal« und »Kreativmodus«.

* **TPS**: Third-Person Shooter, 3D-Videospiel, bei dem man dem Hauptcharakter beim Spielen zuschaut.

Im ersten Modus spielen vier Spieler gemeinsam, um Überlebende in einer post-apokalyptischen Welt zu retten, damit sie nicht von mysteriösen Monstern getötet werden. Im zweiten kämpfen hundert Spieler auf einer Insel gegeneinander, bis nur noch einer übrig bleibt. Im dritten kreiert der Spieler selbst die Maps und Spielmodalitäten.

Das Spiel wird von etwa 220 Spielern pro Minute gespielt. 2019 lag der Rekord an gleichzeitigen Mitspielern bei 10,8 Millionen. Und … immer noch Lust auf die WM? Die Konkurrenz ist wirklich stark. **Wenn ich Dir und Deinen Freunden gegenüberstehen würde, würde ich gern wissen, wie viele von Euch Fortnite spielen – und wie oft. Aber noch mehr würde mich interessieren, was Ihr sonst noch so spielt**

Der unschlagbare Gegner

Von der Nordspitze von *Fortnite* sehen wir bereits die Lichter von *AlphaGo*, eine Stadt im Territorium der künstlichen Intelligenz, wo wir unsere Reise abschließen werden. Wir segeln nur noch ein paar Meilen, dann legen wir im letzten Hafen an.

AlphaGo ist ein Computerprogramm, um Go zu spielen, ein altes chinesisches Brettspiel. Es ist kompliziert, viel komplizierter als Schach. Nur zum Verständnis: Wenn Du eine Partie Schach eröffnest, hast Du 20 verschiedene Möglichkeiten; bei Go hast Du 361. Wenn Du den ersten Zug geschafft hast und für den zweiten bereit bist, sind es schon 400 mögliche Züge beim Schach, bei Go hingegen 130.321 (Ui ... HILFE).

Die Programmierer von *AlphaGo* haben den Computer trainiert, indem sie 30 Millionen Partien Go in seinen Speicher geladen haben, die von Menschen gespielt wurden. Daran ist eigentlich nichts Überraschendes. Zu Beginn unserer Reise erfuhren wir ja bereits, dass die Computersprache aus Zahlen besteht und dass es für einen gut programmierten Computer relativ einfach ist, Kombinationen von Zahlen zu berechnen. Doch *AlphaGo* kann sich nicht nur diese 30 Millionen Spiele merken, er kann auch von Menschen lernen und dann seine eigenen Entscheidungen treffen.

Genau. **DU HAST RICHTIG GEHÖRT!**

AlphaGo wendet Strategien an und erfindet Züge, die Menschen vorher nicht eingefallen sind. Darum gewinnt er auch immer.

Diese Automation bezeichnet man als »künstliche Intelligenz«. Wenn man bedenkt, wo wir unsere Reise begonnen haben und wo wir inzwischen gelandet sind, lässt sich wohl kaum vorhersagen, wohin uns diese Art der Intelligenz einmal führen wird. Wir können nur unserer Fantasie freien Lauf lassen und alle Möglichkeiten offen halten.

Ah, eines hätte ich fast vergessen: WILLKOMMEN IN DER ZUKUNFT!

DIE SCHATZRUHE
Ein kompliziertes Spiel

Wie hat es Euch gefallen, nun, da wir am Ende unserer Reise angekommen sind? **(Nicht schlecht, oder?)**
Wir sollten nun unsere letzten Goldstücke für unsere Ideentruhe sammeln. Es ist schon interessant: Wir haben unsere Reise mit einem Spiel begonnen, *Space Invaders*, dabei eine neue Körperhaltung eingenommen **(Bildschirm-Mensch)** und gelangten schließlich zu Go, wo wir jetzt die neuen Möglichkeiten künstlicher Intelligenz erleben.
Bei einem Flug über das App-Archipel im Speicher-Meer wird deutlich, wie uns die Zeit von 2008 bis 2017 geholfen hat, einfacher zwischen der Welt und der Ultra-Welt zu reisen, indem wir Zwischenschritte, Vermittlungen und Vermittler hinter uns gelassen haben, um unsere

Alltagsprobleme schnell und mit Freude lösen zu können. Eben als Spiel.

Die zuvor unklaren Regeln des Games sind inzwischen konkreter. Anfangs wollten wir Werkzeuge schaffen und den Eliten Privilegien abluchsen. Wir wollten die Macht neu verteilen, indem jeder Zugang zu Kultur und Informationen bekommen sollte, um das Leben weniger kompliziert zu machen.

Das war eine gute Idee.

Tatsächlich hat uns diese Entwicklung zu Protagonisten werden lassen, freier, bewusster und vor allem sehr präsent in unserer Welt **(daran besteht kein Zweifel!)**. Doch wenn wir durch unser Fernglas schauen, erkennen wir neben all diesen Vorteilen auch Stellen, an denen das Spiel eine andere Wendung nimmt, als wir es uns zu Beginn gewünscht hätten, als wir die Probleme der vorherigen Jahrhunderte hinter uns lassen wollten.*

* Du erinnerst Dich? Das 20. Jahrhundert wurde von zwei Weltkriegen und vielen Eliten geprägt.

Schauen wir uns mal die Stellen an, an denen das Game eine unerwartete Wendung nimmt:

1. Das Game wurde als elite-freie Welt erfunden, in der allen Menschen dieselben Möglichkeiten offenstehen. Schnell bildete sich jedoch eine Gruppe besonders begabter Spieler, die Regeln aufstellten und bestimmte Vorlieben einführten. Manche konnten so viel Reichtum anhäufen, dass sie die Welt beeinflussten, in der wir lebten. Wie? Indem sie Ideen, Nachrichten und neue Wahrheiten generierten. Diese neuen Eliten haben mehr Kontrolle über das gesamte Spiel, besitzen Einfluss auf unsere Vorlieben und Gewohnheiten, denn wir beobachten sie und ahmen sie nach. Während sie sich mit Lichtgeschwindigkeit entwickeln, **bleiben andere zurück**.

2. Das Game hat unser Leben umgekrempelt und viele Probleme gelöst, die wir nun nicht mehr haben. Eines hat es jedoch nicht gelöst: die Verteilung des Reichtums. Irgendwie ist dieses Ungleichgewicht sogar noch größer geworden. Heute klafft eine riesige Lücke zwischen sehr reichen und entsprechend mächtigen Menschen und denen, die beides nicht haben. Und die Lücke ist größer als je zuvor. Als wir begannen, nach der digitalen Revolution neue Werkzeuge zu schaffen, waren wir überzeugt, wir könnten damit die wirtschaftliche Ungleichheit zwischen Arm und Reich ausgleichen. Daran sind wir gescheitert. Doch wir haben verstanden, dass unsere neue Existenz noch **DRINGEND** verbessert werden muss, auch wenn sie einfacher ist und uns freier macht.

3. So brillant es ist und so viel Spaß es auch macht, das Spiel bleibt kompliziert. Mit einem Computer in der

Tasche haben sich zwar unsere Möglichkeiten deutlich verbessert, doch wir haben so viel Auswahl, dass wir eher verwirrt oder konfus sind. Recht oft sind wir von den Werkzeugen regelrecht abhängig . Zuweilen fällt es uns schwer, ein ausgewogenes Verhältnis zur Realität zu behalten.

Für viele bleibt das Game ein Spiel, bei dem man auch verlieren kann … sogar sich selbst. Andererseits tun wir auch nicht viel, um Menschen beizubringen, wie das Spiel funktioniert, oder zukünftige Spieler zu unterrichten. Kombiniert mit anderen Verwerfungen und unterschwelligen Zusammenbrüchen, führen diese Lücken dazu, dass wir uns fürchten, unzufrieden und ärgerlich sind und – zuweilen – uns sogar gegen das Game auflehnen.

Tatsache bleibt jedoch, dass wir beschlossen haben, das Game zu spielen und dabei zu bleiben, denn wir sind überzeugt, dass wir die Realität so besser und einfacher wahrnehmen können als zuvor.

Der nächste Schritt

Wir stehen an der Schwelle zur Zukunft, was ist also zu tun? Wenn wir in der Lage sind, das Spielfeld richtig aufzustellen, dort einzugreifen, wo das Game zu Leid und Ungerechtigkeit führt, dann wird uns die Entscheidung unserer Vorfahren viele Vorteile bringen.

Doch das Game ist inzwischen sehr kompliziert, wir können mithilfe der modernen Technik super schnell zwischen unserer und der Ultra-Welt wechseln. Wir können unsere Schulbücher in der Cloud ablegen wie in einem Märchen. Die Vorstellung des wahren Lebens, eines Lebens außerhalb der künstlichen Existenz in unseren sozialen Profilen, verschwindet langsam.

Ich verstehe ja völlig, dass wir uns verloren vorkommen oder verwirrt sind, wie es weitergehen soll, aber es gibt auch gute Neuigkeiten: Wir sind gerade erst damit fertig geworden, ein Werkzeug zu erfinden, das es vorher nicht gab. **Wir haben einen Plan – eine Karte!** Das ist ein besonderer Plan, denn wir können ihn weiter verändern, während wir bereits auf dem Weg sind.

Gut, das ist nur eine von vielen Möglichkeiten, aber der Sinn der Karte ist ja, einen Weg vorzuzeichnen und Gründe für unsere Entscheidungen zu finden.

Damit wir uns nicht verlaufen, müssen wir die Karte im Auge behalten, sie bei uns haben und hin und wieder anschauen. In manchen Situationen kann es schwer sein, sich den nächsten Zug vorzustellen. Aber nachdem wir durch die Welt gesegelt sind und die Vergangenheit kennengelernt haben, müssen wir auch reflektieren. Manche Figuren im Spiel arbeiten bereits daran. Die künstliche Intelligenz scheint sie von den Menschen zu unterscheiden, doch sie geben sich große Mühe nicht zu vergessen, was das bedeutet. Indem sie sich ihrer Wurzeln besinnen, halten sie das Spiel auf Kurs und korrigieren seine schlimmsten Fehler. Das ist ihr nächster Schritt.

Was ist mit Dir?
Was tust Du als Nächstes?

Alessandro Baricco ist Romanautor und Essayist. Einige seiner Schriften wurden in seltene Sprachen übersetzt (z. B. Thailändisch). Sein erstes Buch schrieb er auf einer Olivetti-Schreibmaschine, sein neuestes auf einem Mac. Alessandro nutzt soziale Medien nicht gern, doch er liebt WhatsApp und Spotify. Seine Geschichten wurden zu Theaterstücken, Comics, Opern und Puppentrickfilmen umgearbeitet.
Mit vier Freunden ist er einer der Gründer der Schreibschule Scuola Holden. Aktuell hat er 84 Apps auf seinem Handy, davon nutzt er jedoch nur zehn.

Sara Beltrame hat *Il Grande Omi* bei Rizzoli veröffentlicht und als Filmautorin für die italienischen Sender Rai und Mediaset gearbeitet. Sie war Gründerin und Direktorin des Fabrica Creative Writing Department. Sara lebt in Barcelona, wo sie mit verschiedenen Zeitschriften zusammenarbeitet und Dokumentationen verfasst. Im Alter von sechs Jahren benutzte sie eine Wäscheleine an einer Umlenkrolle, um ihren Nachbarn Nachrichten zu schicken. Dieses System benutzte sie so lange, bis sie sich nach langem Überlegen endlich einen Namen für ihre erste E-Mail-Adresse hat einfallen lassen. Diese war zwölf Zeichen lang und völlig unverständlich.

Tommaso Vidus Rosin ist ein Illustrator und Grafikdesigner, er arbeitet als Kreativdirektor beim Studio Quadrato in Udine. Er illustrierte unter anderem *È arrivato il futuro* (Electa Kids, 2018) und *Mappe spaziali* (Nord-Sud Edizioni, 2019). Er ist außerdem Vater von zwei Kindern, sie sind der Grund, warum er die Welt der Illustration für sich entdeckte. Ohne die Digitaltechnik wäre er nie Illustrator geworden, sondern vielleicht Trompeter.